论新三板

修订本

新政解读与案例集锦

卢文浩◎著

中国经济出版社
CHINA ECONOMIC PUBLISHING HOUSE
·北 京·

图书在版编目（CIP）数据

抢占新三板：新政解读与案例集锦/卢文浩著. 2版（修订本）.
北京：中国经济出版社，2014.4
ISBN 978-7-5136-3132-7
Ⅰ.①抢… Ⅱ.①卢… Ⅲ.①证券投资—研究—中国 Ⅳ.①F832.51
中国版本图书馆 CIP 数据核字（2014）第 041922 号

责任编辑 燕丽丽
责任审读 贺 静
责任印制 马小宾
封面设计 任燕飞

出版发行 中国经济出版社
印 刷 者 北京科信印刷有限公司
经 销 者 各地新华书店
开　　本 710mm×1000mm 1/16
印　　张 18
字　　数 250 千字
版　　次 2014 年 4 月第 2 版
印　　次 2015 年 5 月第 3 次
书　　号 ISBN 978-7-5136-3132-7
定　　价 68.00 元

中国经济出版社 **网址** www.economyph.com **社址** 北京市西城区百万庄北街 3 号 **邮编** 100037
本版图书如存在印装质量问题，请与本社发行中心联系调换（联系电话：010-68319116）

序

读完本书书稿时，恰值全国中小企业股份转让系统举办“主办券商推荐挂牌业务第三期专项培训会”。虽未能现场参与这次学习，但为了准确领会系统公司的会议精神，特别请本书的作者卢文浩博士将会议录音带回来让我如临现场般学习。

培训会上，系统公司的各位领导再次传达了新三板市场以信息披露为核心的审核理念，并解答了部分挂牌和信息披露过程中的细节问题。最重要的是，培训会请所有与会主办券商逐个发言，让每一个市场参与者都有机会汇报、发问、建言、献策。监管层采取了如此平等的姿态来贴近市场，会场气氛严肃并轻松，提问不断、回答不断、讨论不断、笑声不断。

作为一个在资本市场劳作20余年的从业者，也是第一批保荐代表人，赶上过资本市场的高峰，遇到过沪深股市的低谷；但在面对新三板这一创新性极强的事物时，我仍然感觉兴奋、困惑甚至生出些对这一新兴市场的敬畏之心。当发现所有同行都带着和我一样的心绪在一起交流时，我又觉得释然了。

主办券商的问题可以分为三类：一类是推荐挂牌项目的技术问题，哪些公司能推荐哪些不能？一类是业务创新的问题，在现行规则中没有明文规定的业务能不能做？另一类问题关心的则是新三板的发展模式和主办券商的盈利模式问题。系统公司的领导对这些问题给予了没有任何回避的真诚解答。

听完录音后，新三板市场在我脑海里自在幻化成两个最为简单的哲学命题:认知、践行。

既然是新生事物,就需要全面深入的认知。

首先是如何理解看似泛化、简单的六条挂牌标准。没有财务指标的要求、所有问题要在挂牌前规范——这种极强的风险包容度背后蕴含的便是系统公司反复强调的“以信息披露为核心”的监管理念。可以在此基础上再追问一个问题:信息披露给谁看?答曰:投资者。通过这样的逻辑,可以得出系统公司点破天机的一句:“是否推荐挂牌应以拟推荐的公司是否能吸引到投资者为标准”。如果不能准确认知到这一点,主办券商对拟推荐公司的判断便失去了标准,随后便是整个市场失去方向。

其次是如何理解新三板业务的盈利模式的问题。由于推荐业务收入难以覆盖成本,所有主办券商都把希望寄托在后端的定向融资业务、做市商业务、并购重组业务上。那么,还是同一结论,融资业务的定向发行模式需要投资者对挂牌公司的未来发展有着高度的认可,做市商业务的核心则是做市商与投资者对挂牌公司估值的博弈,并购重组业务的理解更加简单——有谁愿意购买一个没有价值的企业,都是投资者的问题。于是,我深度怀疑,新三板市场的一个极大使命就是要求一直以来被卖方市场蒙蔽双眼的投资银行彻底转变为能够换位思考的价值发现者。在这一市场上,投资银行保荐通道模式下法律法规执行者的形象和地位将被彻底打破和剥夺。

“知是行之始,行是知之成。”如果上述认知是正确的,在实际操作过程中,主办券商的责任将被放得巨大:在拟推荐公司的遴选上,主办券商必须是一个价值发现者;在推荐挂牌和持续督导过程中,主办券商必须是一个规范运营的捍卫者;在推荐挂牌后,主办券商必须是一个价值培育者。

主办券商要像PE或VC一样深入理解其推荐公司的行业、产品,甚至要对企业家本身的品性做出判断,于是,《推荐挂牌及持续督导协议》就像一纸婚书,在相互认同的基础上,主办券商必然动用所有的资源和能力去帮助推荐公司成长,并从对方的成长中汲取养分,这才是新三板市场的完美约定。

基于这样的考虑,我想才有了卢文浩博士的这本对象感极强的著作。

阅读下来,可以深刻地感受到,这并不是一本泛泛介绍新三板的书:本书的第二章用了较大的篇幅去解读挂牌条件,给出了很多具有代表性的案例,难得的是还对反馈意见进行了归类整理,但并不试图去支招解决,相信为的是还原“以信息披露为核心”的理念。如果说第二章的内容还是在吸收借鉴交易所市场的传统研究方法,显得十分黑白分明,那么从第三章开始,作者开始描绘一个万花筒似的新三板。第三章就融资制度的创新进行了归纳总结和解读,对近年的融资数据进行了较为详细的分析,尤嫌不足,作者还将新三板近三年的定向发行信息整理成附件供企业家和投资者参考。在第四章中,作者创造性地提出了两种另类转板方式:一是与交易所上市公司建立股权联系来实现并表的上市,二是参照美国最大的场外市场 OTC Markets 设想的新三板内部分层后的转板。与场内市场的各种互动以及未来新三板可能出现的分层管理都让人十分期待。第五章则探讨了交易制度的创新问题,中国台湾兴柜市场的做市商制度的介绍让人对即将出台的新三板做市商细则遐想联翩。这样读下来,竟不觉得第六章中主办券商职责会成为怎样的负担。

非常感谢卢文浩博士通过梳理和研究,呈现出这数十万字的精华,让每一个拟挂牌企业、主办券商能够更为全面深入地了解新三板市场,因此,我很荣幸且欣然向大家推荐这本书。如果这本书是基于企业家的视角来看待问题,那我还无比期待卢文浩博士是否可以再出版一本从投资者的角度看待新三板的新作。

如作者坦言,全书中并未就新三板做市商制度、转板绿色通道等做出直白的展望,看似克制客观的描述,仍能感受到作者对新三板市场的极大热忱。一代又一代富有朝气且才华横溢的年轻人怀揣着梦想投身于资本市场,就是这个市场和时代最为宝贵的财富。

红塔证券股份有限公司副总裁

2013 年 9 月

前 言

2013年1月16日，全国中小企业股份转让系统有限责任公司（以下简称"系统公司"）正式揭牌运营，成为全国场外市场建设的标志性事件，也是新三板从试点走向规范运行的重要转折。从此，新三板对个人投资者放开、做市商推出、融资功能放大、转板绿色通道打开等，这些一直以来被资本市场淘金人士所热切期盼的事项似乎一个个都将梦想照进现实。特别是在这个IPO暂停近一年之久、沪深指数低位运行的彷徨时期，新三板维持着人们对资本市场的希望和热情。

2013年6月19日，国务院总理李克强主持召开国务院常务会议研究决定将中小企业股份转让系统试点扩大至全国。政策上的支持和制度上的创新，彻底点燃了地方政府的热情。眼见地方政府出台各种激励政策，不厌其烦地组织宣讲会、培训会、座谈会，一遍一遍请中介机构将新三板的最新理念传达给各企业家。证券公司四处招聘人才、跑马圈地的表现也似八月的骄阳。热浪袭来，企业家们对新三板逐渐从排斥、迷茫到开始接受，生机勃勃，万事俱备。

但是，2013年1月16日之后的新三板毕竟是一个新生事物，系统公司创新的决心，早已使得从2006年开始即存在的新三板脱胎换骨。在实际开展业务的过程中会发现，有的政府部门、企业家甚至是券商从业人员自己，对新三板的了解仍处于稍显片面的模糊地带。很多事情都知道，但也有很多事情仍不懂得。包括我自己在内，每听一遍系统公司的领导和老师们的培训，就在对新三板的认知拼图上又补了一块残缺。可是，终究系统公司的培训与宣讲的覆盖面还是有限，在与企业家面对面的沟通时，券商仍要责无旁贷地回答任何可能的问题。

问得多了、答得多了、听得多了、学得多了，萌生想法，是否能将这段时间的所问、所听、所看、所学汇编成一个小册子，在部分解答企业家们困惑的同时，也为自己对新三板的学习查漏补缺，同时让这些信息在市场上流动起来，作为自己投身于资本市场造梦的一种证据。

使命感油然而生，于是开始了近两个月的写作。

由于这一写作过程，既承载着答他人之疑惑的期望，也赋予了自我学习的使命。在写作期间，定位时有动摇，毕竟写给企业家看的书和给如我一样的从业人员看的书是大不同的。摇摆难以纠正，贯穿始终，只能认同这算是一种风格吧。

全书分为六章：

第一章"突破！新三板的前世今生"，对老三板、新三板、全国中小企业股份转让系统的来龙去脉以及发展现状作了简要介绍，从观念上将全国中小企业股份转让系统与2013年之前的新三板区别开来。

随后的二、三、四章作为本书的主体部分，按照挂牌、融资、转板的顺序对新三板的制度创新和企业登陆新三板的主要动因进行了较为详细的说明和分析。

第二章"登陆！包容度极高的挂牌条件"从挂牌条件和程序入手，尝试着对如何挂牌新三板进行回答，期间穿插了大量案例；第三章"速度！按需融资的制度创新"则对新三板鼓励小额快速的融资制度以及融资现状进行了较为详尽的分析，其中很多数据个人认为比较有参考价值；第四章"转板！离现实越来越近"重点强调了企业在条件不成熟时挂牌新三板和未来转向交易所市场上市并不冲突，同时以所谓的"另类"上市以及成熟资本市场的分层、转板等做法来暗示未来新三板市场将会十分精彩。

第五章"提升！不断强化的内核交易"重点介绍了交易制度的创新

和包括做市商制度在内的三种交易方式。

第六章“监管！主办券商的责任与信息披露”以系统公司的相关规则为基础，总结了企业登陆新三板前后，主办券商的职责以及企业信息披露的要求。

上述几个部分，想来已经涵盖了新三板的几个主要方面。全书没有对新三板进行任何展望，对其他国家或地区所有先行一步的制度介绍也是浅尝辄止，为的是还原一个资本市场新生事物及其同类的真实现状。

本书在内容的筛选，包括对所有案例、知识、新闻的选用，都是从把问题揭示清楚的角度出发。附件中的几个表格是个人认为对企业、投资者和券商较为有用的信息；对法律法规的索引，也仅选取了几个必读文件。

希望本书可以为企业家、投资者以及广大证券从业同人提供一些有用的信息和帮助。

目录

CONTENTS

抢占新三板

新政解读与案例集锦

第一章 突破！新三板的前世今生

第四章 转板！离现实越来越近

第五章 提升！不断强化的内核交易

第六章 监管！主办券商的责任与信息披露

案例链接

第一章 Chapter 1

突破！ 新三板的前世今生

2001—2013 年的 13 年间，三板市场不断地蜕变，经历了“老三板”“新三板”“全国中小股份转让系统”三个阶段。虽然市场仍然将全国中小股份转让系统称为“新三板”，但此时的新三板已经与“中关村科技园区股份转让试点”时期的新三板有着极大的不同。不了解新三板的前世今生，难以清晰地理解焕发全新生机后的新三板的功能定位与游戏规则，也就无法知晓作为资本市场的新生事物，新三板逐渐扩大的、强劲的优势和吸引力，以及其未来在资本市场中的重要地位。

第一节

从老三板到全国中小企业股份转让系统

一、“老三板”的简介

现在俗称的“老三板”全名为“代办股份转让系统”，该系统于 2001 年 7 月 16 日正式启动。代办股份转让系统的设立主要为了解决两个问题：一是原 STAQ、NET 两网系统所遗留的数家公司的法人股流通问题，二是主板市场的退市股票流通交易问题。

在新三板的光环下，现在鲜有提及老三板，但老三板并未退出历史舞台。截至 2013 年末，在代办股份转让系统进行交易和流通的 A 股股票仍有 52 只，B 股股票有 6 只。相对于整个股票市场，老三板的容量显得十分不打眼。但在当时而言，代办股份转让系统的推出对完善我国股票退市制度起到了重要作用，对持有退市公司股票的中小投资者而言，其保护作用更是不言而喻。

当然，由于承接退市公司以及历史遗留问题公司，老三板不可避免地充斥着许多绩差公司、问题公司，甚至有人把三板称作“垃圾市场”。这一印象对代办股份转让系统的定位和发展带来了十分不利的影响。为了改变这一弊端，三板市场必须要成为一个更有活力的市场，具有更好的兼容性，吸引大量有潜力的中小企业来三板市场挂牌并交易，才能提升三板市场在资本市场中的地位，真正发挥其资源配置功能，于是，“新三板”应运而生。

新闻链接

代办股份转让系统变迁一览

1992 年 7 月，国家体改委批准全国证券交易自动报价系统 STAQ 为指定的法人股流通市场。

1993 年 4 月 28 日，NET 法人股市场正式在北京开通，该市场是央行联合五家银行、人保公司以及华夏、国泰、南方三大证券公司共同出资组建的。STAQ 与 NET 系统一起，构成了当时中国的场外交易市场，被称为“两网”。

1998 年，在中国证券市场的大整顿中，“两网”被取缔。1999 年 9 月 9 日，“两网”正式停止运行。

2001 年 6 月，中国证券业协会发布《证券公司代办股份转让服务业务试点办法》，指定申银万国等 6 家证券公司代办原 STAQ 和 NET 系统挂牌公司的股份转让业务。2001 年 7 月 16 日，代办股份转让系统正式开办。

2001 年底，从主板退市的水仙登陆三板，三板开始承担完善中国退市机制的历史重任。2002 年下半年，三板市场对自然人投资者开放。2003 年年初，三板市场曾出现短暂的繁荣期。

2004 年以来，退市公司增多，三板市场扩容增速，目前共有 46 家公司。

资料来源：《中国证券报》2006 年 1 月 17 日。

二、新三板的建立

从2003年年底北京市政府与科技部联合向国务院上报《关于中关村科技园区非上市股份有限公司进入证券公司代办股份转让系统进行试点的请示》算起，新三板紧锣密鼓地策划筹备了两年多，到2006年1月16日才得以正式推出。

新三板的学名非常冗长，叫“中关村科技园区非上市股份有限公司进入证券公司代办股份转让系统进行股份转让试点”（以下简称“中关村股份转让试点”）。之所以称之新三板，首先是因为中关村股份转让试点从推出开始就利用代办股份转让系统的现有技术系统和市场网络，为投资者转让园区公司股份提供报价服务，从而与老三板有着千丝万缕的关系；但又因为其不隶属于主板和中小板市场，而且挂牌企业均为高科技企业，不同于原代办股份转让系统内的退市企业及STAQ、NET系统挂牌公司，因而称为“新三板”。

2006年1月23日，两家中关村高新技术企业世纪瑞尔（300150）①和中科软（430002）进入代办股份转让系统挂牌交易，标志着新三板市场的正式形成。

由于科技园区、企业性质、融资功能以及投资者身份的限制，再加上市场对新三板的认识不足，新三板成立之后，未能得到市场的热烈追捧，主要表现为挂牌企业数量相对较少、融资交易不够活跃。

为提升新三板服务中小企业直接融资的功能，响应国家关于加快发展和完善多层次资本市场体系的号召，2012年8月3日，中国证监会宣布扩大非上市股份公司股份转让试点。2012年9月7日，中国证监会与北京市、上海市、天津市、湖北省四地政府分别签署了新三板扩大试点合作备忘录。至此，北京中关村科技园区、上海张江高科技园区、天津滨海高新技术产业开发区、武汉东湖新技术开发区等四个高新技术园区的企业均可以在新三板挂牌转让。

---

① 世纪瑞尔已于2010年11月登陆创业板。

虽然只是四地园区的企业可以挂牌，但这一动作已经引起市场关注，部分原本对此项业务不感兴趣的证券公司也于2012年向中国证券业协会申请了代办股份转让系统和报价股份转让系统的业务资质。

从完整年度数据来看，2012年是当时新三板最活跃的一年。数据显示，截至2012年12月31日，共计200家企业挂牌新三板（另有7家已经转至中小板或创业板），但仅2012年一年，就挂牌105家公司，比2006—2011年6年间累计挂牌公司家数之和还要多。市场的逐步沸腾已经预示着新三板市场将迎来爆发式增长。

表1-1　2006—2012年新三板累计挂牌公司家数一览表

年份	2006	2007	2008	2009	2010	2011	2012
累计挂牌公司家数	10	24	41	59	74	97	200

注：表中剔除当年转板公司数量。

资料来源：全国中小企业股份转让系统公开资料。

然而，监管机构准备了一个更大的礼物送给资本市场以及全国所有的中小企业。

三、全国中小企业股份转让系统有限责任公司成立

未对市场言明，2012年9月20日，全国中小企业股份转让系统有限责任公司（简称“系统公司”）在国家工商总局登记注册。一星期后，中国证监会发布了《非上市公众公司监督管理办法》（简称“《非公办法》”），明确其规范的对象为非上市公众公司（以下简称“公众公司”）。公众公司是指“有下列情形之一且其股票未在证券交易所上市交易的股份有限公司：（一）股票向特定对象发行或者转让导致股东累计超过200人；（二）股票公开转让”。

新三板的挂牌公司就未在证券交易所上市但其股票却公开转让，因此这一办法被业内人士认为是为新三板挂牌公司正名以及对接《公司法》《证券法》的最重要文件。新三板挂牌公司从此有了新的专属名称——“非上市公众公司”或“公众公司”。

应该是故意为之，较“中关村股份转让试点”启动时隔 7 年，同样在 1 月 16 日这一天，2013 年系统公司正式揭牌运营，这是全国场外市场建设的标志性事件，也是全国场外市场建设从试点走向规范运行的重要转折。从此，新三板的学名由“中关村股份转让试点”变更为“全国中小企业股份转让系统”（简称“股份转让系统”），全国性场外市场的运作管理机构也从原来的中国证券业协会变为系统公司，原先在新三板上挂牌的公司全部都由系统公司承接。

与此同时，系统公司官方网站（www. neeq. com. cn）上的“公司介绍”十分引人注目。“全国中小企业股份转让系统是经国务院批准设立的全国性证券交易场所，全国中小企业股份转让系统有限责任公司为其运营管理机构。2012 年 9 月 20 日，公司在国家工商总局注册成立，注册资本 30 亿元。上海证券交易所、深圳证券交易所、中国证券登记结算有限责任公司、上海期货交易所、中国金融期货交易所、郑州商品交易所、大连商品交易所为公司股东单位。注册地：北京市西城区金融大街丁 26 号。法定代表人：杨晓嘉。”

由于国务院将系统公司明确为全国性的证券交易场所，其注册地又在北京，因此，也有人将其称为“北交所”。“北交所”的到来意味着中国的全国性证券交易所正式形成系统公司、上海证券交易所和深圳证券交易所三足鼎立的格局。

就在 2012 年除夕的前一天，系统公司发布发了 5 个通知、4 个细则、4 个暂行办法及 4 个指引。其中的《全国中小企业股份转让系统业务规则（试行）》规定：股份有限公司申请股票在全国股份转让系统挂牌，不受股东所有制性质的限制，不限于高新技术企业。这意味跨过 2013 年春节长假，新三板市场便要正式揭开新的篇章。

但新三板正式扩容到全国，还差国务院的一纸批文。

市场在引颈期盼，由于种种原因，直到 2013 年 12 月 14 日，资本市场才迎来了《国务院关于全国中小企业股份转让系统有关问题的决定》（国发〔2013〕49 号）（简称“49 号文”）。49 号文明确“境内符合条件的股份公司均可通过主办券商申请在全国股份转让系统挂牌，公开转让股份，进行股权融资、债权融资、资产重组等”。12 月 27 日，为贯彻落实 49 号文的精神，中国证监会修订或发布了 7 项配套规则，标志着股份转让系统试点扩大至全国工作正式启动，不再受高新园区的地域范围限制。

2013 年 12 月 30 日，系统公司正式接受全国企业的挂牌申请。

第二节
新三板的最新规则体系

为确实推动场外交易市场健康发展，促进民间投资和中小企业发展，有效服务实体经济，经过多年新三板监管经验的积累，系统公司在49号文、《公司法》《证券法》以及部门规章的框架内，下足了创新功夫，发布了一系列系统规则，基本覆盖了市场的方方面面。

一、新三板部门规章与初步解读

新三板的部门规章主要是由中国证监会出台的相关管理办法构成，是新三板系统规则制定的重要依据，主要包括：《非公办法》《非上市公众公司配套监管指引（1－4号）》[①]《非上市公众公司信息披露内容与格式

① 配套监管指引包括：《非上市公众公司监管指引第1号——信息披露》《非上市公众公司监管指引第2号——申请文件》《非上市公众公司监管指引第3号——章程必备条款》《非上市公众公司监管指引第4号——股东人数超过200人的未上市股份有限公司申请行政许可有关问题的审核指引》。

准则(1－4号)》[①]和《全国中小企业股份转让系统有限责任公司管理暂行办法》(简称“《系统公司管理办法》”)。

(一)《非公办法》的要点解读

《非公办法》作为公众公司行为指引的纲领性文件,明确了以下重要问题:

1. 明确了公众公司的范围与总体要求

如本书前文提到的,《非公办法》明确了公众公司的范围与总体要求,确认了公众公司公开转让股票应在新三板进行,公众公司的股票应在中国证券登记结算公司集中登记存管。

2. 明确规定了公众公司的股东人数可以超过200人

除在新三板挂牌公开转让外,公众公司的股东人数超200人分为3种情况:

(1)在《非公办法》施行前(即2013年1月1日)股东人数超过200人的股份有限公司,符合条件的,由股份有限公司申请,经中国证监会核准,可以在新三板挂牌公开转让股票或者IPO;不在新三板挂牌或IPO的,也应按相应要求规范后,由股份有限公司申请纳入公众公司监管。

(2)如果是股票向特定对象转让导致股东累计超过200人的股份有限公司,应当自上述行为发生之日起3个月内,向中国证监会申请核准。在3个月内股东人数降至200人以内的,可以不提出申请。此处的向特定对象转让是指以非公开方式协议转让。

(3)申请向特定对象发行股票导致股东累计超过200人的股份有限公司,须向中国证监会申请核准。

3. 豁免核准制度

股东人数未超过200人的公司申请挂牌新三板进行股票公开转让,中国证监会豁免核准,由股份转让系统进行审查。

---

① 信息披露内容与格式准则包括:《非上市公众公司信息披露内容与格式准则第1号——公开转让说明书》《非上市公众公司信息披露内容与格式准则第2号——公开转让股票申请文件》《非上市公众公司信息披露内容与格式准则第3号——定向发行说明书和发行情况报告书》《非上市公众公司信息披露内容与格式准则第4号——定向发行申请文件》。

4. 明确公众公司的定向发行制度

《非公办法》对定向发行的特定对象的性质和数量进行了规定，推出了豁免核准的标准以及储架发行制度[①]。按照规定，新三板挂牌公司向特定对象发行股票后股东累计不超过200人的，中国证监会豁免核准。

5. 明确了公众公司的其他责任和义务

《非公办法》还对公众公司的治理结构、公司章程必备条款、信息披露义务等事项提出了明确要求，同时也对公众公司的收购和重大资产重组等行为进行了原则性的规定。

事实上，《非公办法》以（发行后）股东人数是否超过200人为限，划分了中国证监会的核准范围以及系统公司的审查范围。本书的正文部分主要关注（发行后）股东人数200人以内的公司在新三板的挂牌、融资等事项，（发行后）股东人数超过200人的公司挂牌融资事项通过对法律法规索引的形式体现在本书的附件部分。

（二）《系统公司管理办法》的要点解读

《系统公司管理办法》则对股份转让系统、系统公司、挂牌公司的法律地位、监管框架、制度框架等要素进行了规定，并对新三板挂牌公司的公众身份、主办券商制度以及做市交易方式进行了确认。

1. 对新三板挂牌公司的公众公司身份进行确认

《系统公司管理办法》再次明确股票在全国股份转让系统挂牌的公司为非上市公众公司，股东人数可以超过200人，接受中国证监会的统一监督管理。系统公司依法对股份公司股票挂牌、定向发行等申请及主办券商推荐文件进行审查，出具审查意见。

2. 对主办券商制度以及做市商交易方式进行确认

《系统公司管理办法》规定，全国股份转让系统实行主办券商制度。在股份转让系统从事主办券商业务的证券公司称为“主办券商”。主办券商业务包括推荐挂牌、持续督导、代理投资者买卖挂牌公司股票、为股票转让提供做市服务等。挂牌股票转让可以采取做市方式、协议方式、竞价方式或证监会批准的其他转让方式。

---

① 关于新三板的定向发行将在本书的第三章中详细阐述。

二、新三板系统规则与制度创新

新三板的所有具体业务规则和指南由系统公司制定发布，根据业务规则和指南的内容、功能以及与系统公司相关职能部门的匹配性可分为综合类、挂牌业务类、公司业务类、交易监察类、机构业务类和投资者服务类等六大类①。

表1－2　新三板部分业务规则一览表

规则类别	文件名称
综合类	《全国中小企业股份转让系统业务规则》*
挂牌业务类	1.《全国中小企业股份转让系统主办券商推荐业务规定》* 2.《全国中小企业股份转让系统股票挂牌条件适用基本标准指引》* 3.《全国中小企业股份转让系统公开转让说明书内容与格式指引》* 4.《全国中小企业股份转让系统挂牌申请文件内容与格式指引》* 5.《全国中小企业股份转让系统主办券商尽职调查工作指引》*
公司业务类	1.《全国中小企业股份转让系统股票发行业务细则》* 2.《全国中小企业股份转让系统股票发行业务指引第1号——备案文件的内容与格式》* 3.《全国中小企业股份转让系统股票发行业务指引第2号——股票发行方案及发行情况报告书的内容与格式》* 4.《全国中小企业股份转让系统股票发行业务指引第3号——主办券商关于股票发行合法合规性意见的内容与格式》* 5.《全国中小企业股份转让系统股票发行业务指引第4号——法律意见书的内容与格式》* 6.《全国中小企业股份转让系统挂牌公司信息披露细则》* 7.《全国中小企业股份转让系统挂牌公司年度报告内容与格式指引》* 8.《全国中小企业股份转让系统挂牌公司半年度报告内容与格式指引》*
交易监察类	1.《全国中小企业股份转让系统过渡期股票转让暂行办法》 2.《全国中小企业股份转让系统过渡期登记结算暂行办法》 3.《全国中小企业股份转让系统股票转让细则》* 4.《全国中小企业股份转让系统证券代码、证券简称编制管理暂行办法》
机构业务类	《全国中小企业股份转让系统主办券商管理细则》*
投资者服务类	《全国中小企业股份转让系统投资者适当性管理细则》*

注：文件分类及文件名称来源于系统公司官方网站，但进行了部分删减；楷体的文件为2013年8月25日后发布或修订的。文件后面缀有＊的为“试行”文件。

① 另有数十个服务指南未再此处列示，但相关重要内容会包含在后文中。

表1－3　新三板部分业务指南一览表

规则类别	文件名称
综合类	1.《股份公司申请在全国中小企业股份转让系统公开转让、定向发行股票的审查工作流程》 2.《全国中小企业股份转让系统申请材料接收须知》 3.《全国中小企业股份转让系统关于做好申请材料接收工作有关注意事项的通知》 4.《关于收取挂牌公司挂牌年费的通知》
挂牌业务类	《全国中小企业股份转让系统股票挂牌业务操作指南》*
公司业务类	1.《全国中小企业股份转让系统股票发行业务指南》 2.《全国中小企业股份转让系统挂牌公司持续信息披露业务指南》* 3.《全国中小企业股份转让系统挂牌公司暂停与恢复转让业务指南》* 4.《全国中小企业股份转让系统挂牌公司证券简称或公司全称变更业务指南》* 5.《全国中小企业股份转让系统临时公告格式模板》

注：文件分类及文件名称来源于系统公司官方网站，但进行了部分删减；楷体的文件为2013年8月25日后发布或修订的。文件后面缀有＊的为“试行”文件。

表1－2和表1－3中的文件综合起来对新三板挂牌准入条件、定向发行、公司监管、流通交易和主办券商持续督导等进行了全面规定，并在前述部门规章的框架内继续创新，充分体现了新三板市场较强的风险包容特征。

（一）以信息披露为核心的准入制度

新三板挂牌不设财务指标门槛，但要求挂牌公司对公司经营情况在客观描述的基础上进行充分的信息披露。即使对过去存在的除重大违法违规行为外的不规范问题，也只要求进行规范并披露。

（二）支持小额快速融资的定向发行制度

新三板支持挂牌公司小额快速融资，给出了较为宽松的豁免向中国证监会申请核准的标准；并且可在挂牌的同时定向发行；在需要核准的情况下，还可以申请一次核准、分期发行。

（三）较高门槛的投资者适当性管理制度

新三板允许个人投资者和机构投资者以及各类金融投资、理财产品对挂牌企业进行投资,但均设有一定的资金门槛,强调投资者需有一定的风险识别和承受能力。

(四)持续督导的主办券商制度

由主办券商对拟挂牌公司进行终身持续督导,是企业挂牌新三板的前置条件。挂牌后,主办券商负有指导和督促所推荐挂牌公司规范运营、履行信息披露义务的责任,须对挂牌公司所有拟披露信息进行事前审查。

(五)灵活优化的交易制度

在交易方面,除新推出做市方式和竞价方式外,还降低了单笔报价委托最低股数,放宽了股票限售规定,并允许符合条件的个人投资者参与转让交易。

(六)令人期待的转板制度

国务院 49 号文已经明确,新三板挂牌公司符合条件的,可以直接向证券交易所申请上市。在目前的规则体系中关于暂停转让和终止转让的具体条款,已经就“向中国证监会申请首次公开发行股票并上市,或向证券交易所申请股票上市”和“中国证监会核准其首次公开发行股票申请,或证券交易所同意其股票上市”进行了分别表述,为后续转板制度的推出预留了空间。

为更加透彻地理解新三板制度,本书的第二章将会详细解读挂牌准入条件,第三章会全面分析定向发行制度,第四章则主要探讨新三板转板问题,第五章将会梳理挂牌公司新交易制度,在第六章则通过对主办券商制度和信息披露要求的解读来提示市场各方的责任和义务。

第三节
新三板与区域性股权交易市场

在新三板获得市场强烈关注的同时，区域性股权交易市场也频繁出现在媒体的报道中，甚至有人将其称为“四板市场”。我国多层次资本市场体系到底包含多少板？各板之间的定位、差异如何？本节将对这些问题给出回答。

一、区域性股权交易市场的发展沉浮

区域性股权交易市场并不是一个新鲜事物，它的最早兴起可以追溯到1993年前后。面对利益诱导以及深、沪交易所的示范作用，全国许多省市在地方政府的直接支持或参与下，推出了带有明显地方特征的场外交易市场[①]进行股票交易。

在地方政府行政力量的主导下，一些省市即使不具备设立场外股权交易市场的条件也盲目上马，导致场外股权交易市场良莠不齐、过度投资、组织混乱、监管缺位，隐藏着极大的系统性金融风险。

---

① 场外交易市场（Over-the-counter Market）是指在证券交易所外进行证券买卖的市场。

1997 年亚洲金融危机的爆发使中央政府下决心关闭场外非法交易市场，场外股权交易市场从此进入了第一次清理整顿阶段。原红极一时的淄博证券交易自动报价系统、武汉证券交易中心以及本章第一节提到的 STAQ、NET 系统等场外市场相继被关闭。

在之后的近 10 年中(1997—2008 年)，除了老三板和新三板的推出，非上市公司的股权主要通过各地的产权交易市场进行托管、质押、增资及转让过户。

直至 2008 年 9 月，作为国务院推动金融改革和创新的示范窗口①，天津股权交易所(以下简称“天交所”)经天津市政府批准在原天津股权托管交易市场的基础上改建而成，再次拉开了区域性股权交易市场的建设发展序幕。随后，重庆、上海、山东等地的非上市公司股权交易场所纷纷成立②，各地区域性股权交易市场进入快速发展时期。

由于部分交易场所未经批准违法开展证券期货交易活动，存在管理不规范、严重投机和价格操纵行为等问题，2011 年 11 月，国务院印发了《国务院关于清理整顿各类交易场所、切实防范金融风险的决定》(国发〔2011〕38 号，简称“38 号文”)，决定对包括区域性股权交易市场在内的各类交易场所进行清理整顿；2012 年 7 月，国务院办公厅印发《关于清理整顿各类交易场所的实施意见》(国办发〔2012〕37 号，简称“37 号文”)进一步明确了清理整顿工作要求，并对区域性交易场所的交易范围、方式等进行了严格的规定③。

---

① 2006 年 5 月，国务院下发的《关于推进天津滨海新区开发开放有关问题的意见》(国发〔2006〕20 号)中明确提出：“鼓励天津滨海新区进行金融改革和创新。在金融企业、金融业务、金融市场和金融开放等方面的重大改革，原则上可安排在天津滨海新区先行先试。”2008 年 3 月，《国务院关于天津滨海新区综合配套改革试验总体方案的批复》(国函〔2008〕26 号)原则同意《天津滨海新区综合配套改革试验总体方案》，该方案提到要“积极支持在天津滨海新区设立全国性非上市公众公司股权交易市场。积极支持在天津滨海新区设立全国统一、依法治理、有效监管和规范运作的非上市公众公司股权交易市场，作为多层次资本市场和场外交易市场的重要组成部分”。

② 2009 年 2 月，《国务院关于推进重庆市统筹城乡改革和发展的若干意见》指出，加快发展多层次资本市场，适时将重庆纳入全国场外交易市场体系。2009 年，国务院下发《国务院关于推进上海加快发展现代服务业和先进制造业建设国际金融中心和国际航运中心的意见》，明确提出，上海要“研究探索推进上海服务长三角地区非上市公众公司股份转让的有效途径”。

③ 依法经批准设立的证券、期货交易所，或经国务院金融管理部门批准设立的从事金融产品交易的交易场所不属于本次清理整顿范围。

为推动区域性股权交易市场健康发展，中国证监会根据38号文和37号文的要求，制定了《关于规范证券公司参与区域性股权交易市场的指导意见（试行）》。证券公司从此可以两种方式参与区域性股权交易市场：一是仅作为区域性股权交易市场会员开展相关业务；二是作为区域性股权交易市场的股东参与市场管理并开展相关业务。证券公司参与区域性股权交易市场，可以开展挂牌公司推荐、挂牌公司股权代理买卖服务，并为区域性股权交易市场挂牌公司提供股权转让、定向股权融资、私募债券融资、投资咨询及其他有关服务；证券公司还可以为区域性股权交易市场的挂牌公司提供转板服务。

2012年5月15日，由中信证券、国信证券、安信证券、深圳证券信息有限公司、深圳市创新投资集团等八家机构出资设立的深圳前海股权交易中心正式揭牌，首批挂牌展示企业高达1200家。深圳前海股权交易中心的设立标志着区域性股权市场进入一个新的快速、规范发展时期，四板概念也由此横空出世。

二、我国多层次资本市场体系的完整版图

全国中小企业股份转让系统的成立以及区域性股权交易市场的规范发展，让我国多层次资本市场体系变得更为完整，也为完善不同层次市场间的转板机制和市场退出机制、逐步建立各层次市场间的有机联系，打下了坚实的基础。

（一）我国多层次资本市场结构

我国多层次资本市场的构成可由图1－1直观表示。

我国多层次资本市场体系首先可以按是否在交易所内[①]进行集中交易分为场内市场和场外市场。

场内市场是指交易所市场，目前我国有上海证券交易所和深圳证券

① 传统意义上场内市场和场外市场的划分是通过是否存在交易所这样的物理条件来判断的。场内市场即交易所交易，指所有的供求方集中在交易所进行竞价交易的场所；而场外市场则是一种松散的、没有买卖集中地点的市场。随着通信技术的发展，目前的场内市场和场外市场的物理划分概念已经很模糊了。当前场内和场外的区别主要体现为上市（挂牌）条件和交易方式的区别。

交易所两大证券交易所，主要提供主板、中小板和创业板公司的上市、融资和交易服务。

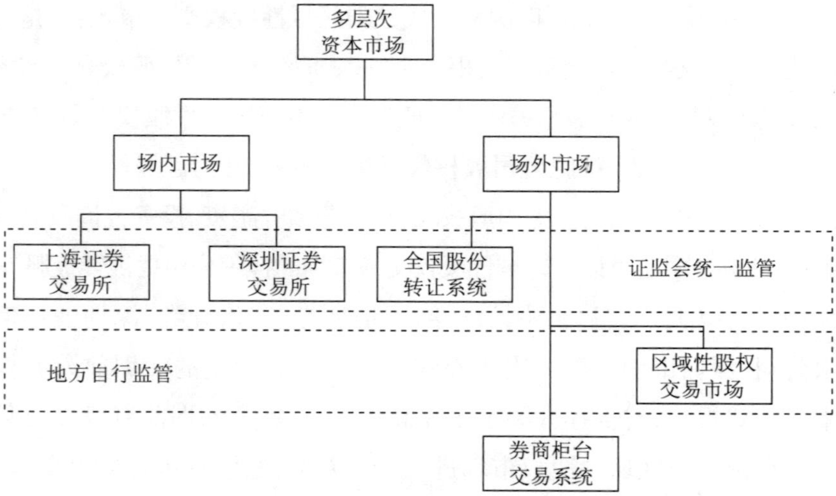

图1-1　我国多层次资本市场构成图①

场外市场的层次相对更多。最高层次是全国性的股份转让系统，即新三板，负责全国非上市公众公司的股份公开转让、融资、并购等相关服务。第二层次则是各地方设立的区域性股权交易市场，这是为各级行政区域内的企业提供股权、债券的转让和融资服务的市场。第三层次是券商柜台交易系统，主要用于证券公司与特定交易对手方在集中交易场所之外进行的交易，或为投资者在集中交易场所之外进行交易提供服务，交易的产品主要是私募产品。

就监管者而言，上交所和深交所以及新三板都统一由中国证监会监管，而区域性股权交易市场则由地方自行管理，券商柜台交易系统遵守的是中国证券业协会制定的自律规则。

（二）资本市场体系中的各板定位

从市场定位的角度来看，我国资本市场体系又可以分为5个板，分别是主板、中小板、创业板、全国性场外市场（新三板）、区域性股权交易市

① 资料来源：系统公司公开资料。

场（四板）。其中，主板是蓝筹股市场，适合一些传统产业中规模较大的成熟企业；中小板则适合细分市场领先，经营状况较为稳定的企业；创业板则更偏向成长性较高和自主创新能力、盈利能力较强的企业；新三板的主要服务目标倾向于能够获得投资者青睐的创新型、创业型、成长型中小微企业；区域性股权交易市场则主要为其他中小微企业提供服务。

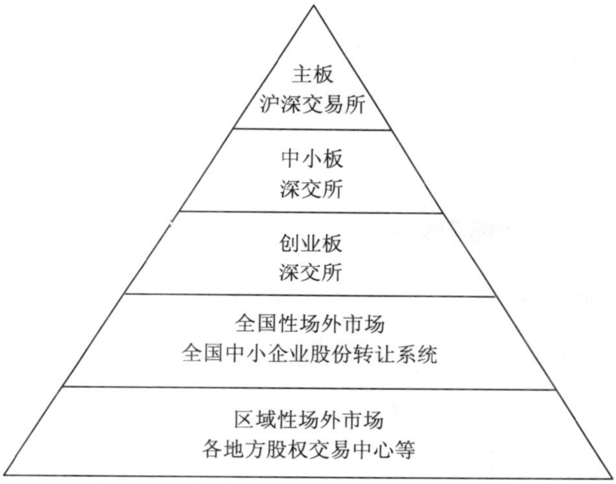

图 1－2　理想状态下我国多层次资本市场层次结构图

根据发达国家证券市场发展经验，一般而言，场外市场挂牌公司的数量要远远大于在场内市场上市的企业数量。如美国的两大场外股权交易市场 OTCBB 和 OTC Markets 2013 年的挂牌家数超过 11000 家，NASDAQ 市场上市家数 2500 余家，纽约证券交易所上市公司数量 2500 余家。但我国资本市场建设遵循的原则是“集中交易市场先行、场外交易市场跟进”，因此，在各板上市（挂牌）公司的数量上呈现出明显的“倒金字塔”结构。截至 2013 年末，沪深主板共有 1431 家上市公司，其中沪市主板有 952 家、深市主板有 479 家；中小板有 701 家上市公司；创业板有 355 家上市公司，新三板挂牌公司 356 家。

若以发达国家为标杆，可以十分肯定地判断，新三板作为我国多层次资本市场体系的重要基石，将会迎来更大的发展。

三、新三板与区域性股权交易市场的主要制度差异

新三板焕然一新，区域性股权交易市场呼之欲出，同样是场外市场股权交易市场，当企业要与资本市场对接，到底该如何选择？这个问题让大部分企业家、投资者都困惑不已。

实际上，从国务院和国务院办公厅下发的38号文和37号文两个文件中，可以总结出新三板与区域性股权交易市场的区别主要体现在以下三个方面。

（一）是否能进行集中交易

除依法经国务院或国务院期货监管机构批准设立从事期货交易的交易场所外，任何单位不得采取集中交易方式进行交易。集中交易方式包括集合竞价、连续竞价、电子撮合、匿名交易、做市商等交易方式，但协议转让、依法进行的拍卖除外。

很明显，新三板可以采用集合竞价、连续竞价和做市商等方式进行交易。

（二）是否能持续挂牌交易

区域性股权交易市场不能将权益按照标准化交易单位持续挂牌交易。此处的“标准化交易单位”是指将股权以外的其他权益设定最小交易单位，并以最小交易单位或其整数倍进行交易；“持续挂牌交易”是指在买入后5个交易日内挂牌卖出同一交易品种或在卖出后5个交易日内挂牌买入同一交易品种。

新三板无此限制。新三板的最小交易单位为1000股，为T+1交易，只要拥有足额的股份或资金，可持续交易。

（三）权益持有人累计是否可以超过 200 人

除法律、行政法规另有规定外，区域性股权交易市场的任何权益在其存续期间，无论在发行还是转让环节，其实际持有人累计不得超过 200 人，以信托、委托代理等方式代持的，按实际持有人数计算。而新三板挂牌公司股东人数可以超过 200 人。

可以看出，新三板作为全国性的场外交易市场与区域性股权交易市场相比，存在不少制度上的优势。区域性股权交易市场更多地被定位于为企业解决股份转让难的问题以及部分解决融资问题的交易场所，**而新三板更偏向价值发现、投资、整合、转让的综合性平台。**

知识链接

国务院 49 号文：建立不同层次市场间的有机联系

在全国股份转让系统挂牌的公司，达到股票上市条件的，可以直接向证券交易所申请上市交易。在符合《国务院关于清理整顿各类交易场所　切实防范金融风险的决定》（国发〔2011〕38 号）要求的区域性股权转让市场进行股权非公开转让的公司，符合挂牌条件的，可以申请在全国股份转让系统挂牌公开转让股份。

第四节

新三板挂牌公司现状与特征

近三年,新三板每年的新增挂牌公司家数、股本规模、融资金额急速放大。截至2013年末,新三板累计挂牌公司356家,全年挂牌数量近150家,呈迅猛加速趋势。新三板正式扩容至全国后的一个月内,266家来自全国各地的企业于2014年1月24日集中挂牌,至此,新三板挂牌企业达到621家,超过创业板上市公司数量。

表1-4 2006—2014年1月新三板挂牌公司规模情况

时间	2006年	2007年	2008年	2009年	2010年	2011年	2012年	2013年	2014年1月
挂牌公司家数(个)	10	24	41	59	74	97	200	356	621
新挂牌公司家数(个)	10	14	17	20	16	25	105	147	266
总股本(亿股)	5.47	10.68	18.86	23.59	26.90	32.57	55.27	96.81	211.55
融资金额(亿元)	0.50	0.69	2.46	0.25	2.71	6.48	8.55	10.34	4.39

注:根据Wind和公开数据整理而成,表中数据剔除当年转板公司数量。

一、挂牌公司行业分布情况

（一）截至 2013 年末挂牌公司行业分布情况

截至 2013 年末，信息传输、软件和信息技术服务业有 146 家挂牌公司，占比达 41.1%；其次占比较大的行业为专用设备制造业，计算机、通信和其他电子设备制造业，这两类行业挂牌公司数量占比均在 10% 左右，其他行业分布则较为分散。这主要是由于新三板建立之初的试点范围限制，2014 年之前挂牌的企业均为四大园区内的高新技术企业。

表 1-5　新三板挂牌公司行业分布及主要经营数据情况（截至 2013 年末）

行业	家数（个）	占比（%）	总股本（万股）	资产总计（万元）	营业总收入（万元）	净利润（万元）
信息传输、软件和信息技术服务业	146	41.1	2372.3	7151.2	6635.1	691.6
专用设备制造业	35	9.9	2270.0	6934.9	5338.8	490.1
计算机、通信和其他电子设备制造业	34	9.6	2763.2	9016.0	7112.2	802.6
电气机械和器材制造业	20	5.6	3327.4	15760.7	10485.6	749.0
科学研究和技术服务业	14	3.9	2332.0	4797.5	4421.2	402.6
仪器仪表制造业	13	3.7	3122.0	29066.1	21105.5	1203.2
医药制造业	11	3.1	4090.5	15619.2	8230.8	1240.7
文化、体育和娱乐业	9	2.5	2066.8	7661.9	5831.4	929.2
通用设备制造业	8	2.3	2308.9	5983.1	2994.9	460.0
卫生和社会工作	8	2.3	2363.4	2523.4	2787.2	-161.6
化学原料和化学制品制造业	8	2.3	4062.5	16857.3	14031.1	937.2
采矿业	7	2.0	1864.5	6437.9	5127.8	1012.3
农、林、牧、渔业	6	1.7	5391.7	23153.5	28192.7	2117.9
非金属矿物制品业	5	1.4	3694.0	9474.8	5167.4	491.8
其他制造业	4	1.1	5200.8	29628.0	14435.5	96.7
金属制品业	3	0.8	4600.0	23169.9	18335.7	1784.6
其他	23	6.5	2806.7	9112.8	8912.3	595.6
合计/平均	355	100.0	2700.7	9678.6	7891.3	721.1

注：根据 Wind 资讯数据整理而成，本表中未包括截至 2013 年末已经转板的 7 家公司和 ST 羊业。关于 ST 羊业的案例可见本书第六章第二节。

（二）新三板全国扩容后最新挂牌公司行业分布情况

新三板扩容至全国后，挂牌公司不限园区、不限高技术企业，因此很多传统行业的企业有机会登陆新三板。截至 2014 年 1 月末，信息传输、软件和信息技术服务业挂牌企业 209 家，虽然仍排名第一，但是占比已经下降至 33.7%；建筑、农、林、牧、渔等传统行业挂牌公司数量占比明显提升。预计未来传统行业在挂牌公司中的占比将会进一步提高。

表 1－6　新三板挂牌公司行业分布及主要经营数据情况（截至 2014 年 1 月）

行业	家数（个）	占比（%）	总股本（万股）	资产总计（万元）	营业总收入（万元）	净利润（万元）
信息传输、软件和信息技术服务业	209	33.7	2283.7	6610.3	6042.7	698.9
计算机、通信和其他电子设备制造业	63	10.2	3051.0	9170.0	8392.5	788.7
专用设备制造业	57	9.2	2348.3	7148.9	5405.9	467.2
电气机械和器材制造业	40	6.5	3535.4	14927.5	11272.1	714.8
仪器仪表制造业	24	3.9	2958.6	18595.5	13781.4	936.1
化学原料和化学制品制造业	21	3.4	3609.5	12041.6	10212.4	791.1
科学研究和技术服务业	19	3.1	2277.4	4397.3	3863.5	330.6
通用设备制造业	19	3.1	2253.0	6881.9	4655.7	439.4
医药制造业	19	3.1	3543.3	12795.3	7274.7	1148.5
农、林、牧、渔业	15	2.4	6440.3	21518.8	18198.4	1895.1
文化、体育和娱乐业	14	2.3	2650.1	8113.9	7552.1	955.6
建筑业	13	2.1	3558.1	10492.0	11453.8	557.2
其他制造业	10	1.6	2987.7	13589.0	7220.9	198.0
卫生和社会工作	8	1.3	2363.4	2523.4	2787.2	－161.6
采矿业	8	1.3	2256.5	9597.6	6369.3	1236.3
非金属矿物制品业	7	1.1	4781.4	15716.2	8953.7	920.3
水利、环境和公共设施管理业	7	1.1	1874.3	5992.5	3737.7	231.1
金属制品业	6	1.0	3792.9	16792.9	12733.8	1099.6
其他	61	9.8	9087.6	30254.6	12658.7	1284.3
合计	620	100.0	3412.1	11329.5	8074.9	772.8

注：根据 Wind 资讯基础数据整理而成，本表中未包括截至 2014 年 1 月已经转板的 8 家公司和 ST 羊业。

二、挂牌公司的总体经营情况和成长性特征

新三板挂牌公司的经营规模明显低于创业板与中小板。如新三板挂牌公司总资产规模平均值不到创业板平均值的1/10，不到中小板平均值的1/32，平均营业收入和净利润也和创业板、中小板不在一个量级，市场分层的特征十分明显。

表1－7　新三板公司主要财务数据及与创业板、中小板对比情况(平均值)

市场	家数(个)	股本(万股)	总资产(万元)	净资产(万元)	营业收入(万元)	净利润(万元)	每股收益(元/股)
新三板	620	3412.1	11329.5	5638.5	8074.9	772.8	0.39
创业板	379	20558.9	119092.6	89177.8	53063.7	6785.8	0.51
中小板	712	39968.4	351932.0	157851.4	213385.2	14237.3	0.42

注：数据来源于Wind资讯。中小板统计口径中未包括4家ST公司。由于2013年年报未披露，因此除股本为2013年12月31日数据外，其他数据均为2012年末或年度数据。每股收益为基本每股收益。新三板数据均包括截至2014年1月所有已挂牌公司的数据，但不包括8家已转板企业及已停止信息披露的ST羊业。

但在整体规模相对较小的新三板市场中，仍有不少表现突出的"大"型企业。截至2014年1月31日，经不完全统计，在不考虑非经常性损益影响的情况下，新三板挂牌公司中有60余家经营业绩达到了登陆创业板的最低要求，有近30家挂牌公司经营业绩达到了登陆主板(中小板)的最低要求。

除此之外，新三板市场的成长性特征明显。2011年和2012年，新三板挂牌公司平均营业收入增长率分别为31.3%和19.4%，归属于母公司股东净利润增长率分别为28.6%和5.7%，经营表现显著优于创业板和中小板①。

① 由于2013年挂牌企业未披露2010年数据，无法计算2011年增长率，因此此处数据样本为2012年及以前挂牌企业数据。

表 1－8　新三板、创业板、中小板近两年业绩增长情况

分层市场	平均营业收入增长率(%)		归属于母公司股东净利润增长率(%)	
	2011 年	2012 年	2011 年	2012 年
中小板	24.5	11.2	10.1	－9.6
创业板	28.4	15.7	18.4	－8.8
新三板	31.3	19.4	28.6	5.7

注:根据 Wind 数据整理而成。新三板数据为 2013 年之前挂牌企业的均值。

三、挂牌公司主要经营指标分布情况

对新三板挂牌公司的主要经营指标进一步分层,可以更清晰地看出新三板挂牌公司的特征。

(一)挂牌公司资产规模分布情况

目前,有 4 家挂牌公司 2012 年末资产规模超过同期创业板均值。其中,资产规模最大的为湘财证券(430399),高达 105.5 亿元。在新三板,挂牌企业资产规模达到 5000 万元则可以进入前 1/2 强。

2012 年新三板挂牌公司的资产规模中位数区间在 2000 万～5000 万元。

表 1－9　挂牌公司 2012 年资产规模分布情况

分布区间	家数(个)	占比(%)	规模均值(万元)
2 亿元及以上	65	10.5	58732.9
1 亿～2 亿元	102	16.5	14199.7
5000 万～1 亿元	133	21.5	7367.2
2000 万～5000 万元	187	30.2	3275.0
1000 万～2000 万元	95	15.3	1451.6
1000 万元及以下	38	6.1	740.4
合计/平均	620	100.0	11329.5

注:根据 Wind 基础数据整理而成。本表中未包括截至 2014 年 1 月已经转板的 8 家公司和 ST 羊业。

(二)挂牌公司收入规模分布情况

挂牌公司中共有 6 家公司 2012 年收入规模超过同期创业板平均水

平，其中中科软（430002）和现代农装（430010）两家公司的收入超过20亿元。环拓科技（430079）和众合医药（430598）是仅有的两家2012年无营业收入的挂牌公司，前者是由于其主营产品高速数传电台没有新订购合同，其他新产品也未订货，因此未实现营业收入；后者则定位为新药研发企业，正在推进已立项品种的后续研发，尚未有新药产品实现上市销售。

2012年新三板挂牌公司的收入规模中位数区间在2000万～5000万元。

表1-10　挂牌公司2012年收入规模分布情况

分布区间	家数（个）	占比（%）	规模均值（万元）
2亿元及以上	56	9.0	40276.3
1亿～2亿元	81	13.1	13386.6
5000万～1亿元	118	19.0	7081.7
2000万～5000万元	191	30.8	3322.2
1000万～2000万元	102	16.5	1467.5
1000万元及以下	72	11.6	650.3
合计/平均	620	100.0	8074.9

注：根据Wind基础数据整理而成。本表中未包括截至2014年1月已经转板的8家公司和ST羊业。

（三）挂牌公司净利润规模分布情况

湘财证券2012年净利润达到1.66亿元，盈利规模位列第一。有47家挂牌公司2012年亏损，平均亏损409.5万元。

据统计，新三板挂牌公司2012年的净利润规模中位数区间在200万～500万元。

表1-11　挂牌公司2012年净利润规模分布情况

分布区间	家数（个）	占比（%）	规模均值（万元）
2000万元及以上	65	10.5	3833.1
1000万～2000万元	79	12.7	1391.8
500万～1000万元	112	18.1	716.3
200万～500万元	134	21.6	322.8
0～200万元	183	29.5	86.4

续表

分布区间	家数(个)	占比(%)	规模均值(万元)
亏损	47	7.6	-409.5
合计/平均	620	100.0	772.8

注:根据Wind基础数据整理而成。本表中未包括截至2014年1月已经转板的8家公司和ST羊业。

第二章　Chapter 2

登陆！包容度极高的挂牌条件

在对新三板的历史和现行规则体系有了全面了解之后，从本章起，本书将更进一步探讨在最新规则体系下的操作实务。新三板的挂牌条件很简单，相对于主板和创业板而言，可以称之为“无指标性挂牌条件”。目前已经有数家在申报期内连续两年亏损的挂牌公司，甚至两年一期均亏损也不会构成挂牌障碍。

第一节

新三板挂牌条件解读

根据《全国中小企业股份转让系统业务规则(试行)》(简称“《业务规则》”)：

“2.1 股份有限公司申请股票在全国股份转让系统挂牌，不受股东所有制性质的限制，不限于高新技术企业，应当符合下列条件：

“(一)依法设立且存续满两年。有限责任公司按原账面净资产值折股整体变更为股份有限公司的，存续时间可以从有限责任公司成立之日起计算；

“(二)业务明确，具有持续经营能力；

“(三)公司治理机制健全，合法规范经营；

“(四)股权明晰，股票发行和转让行为合法合规；

“(五)主办券商推荐并持续督导；

“(六)全国股份转让系统公司要求的其他条件。”

上述六条标准与主板和创业板相比，实属无指标性挂牌条件。除此之外，新三板还允许在挂牌时存在未行权完毕的股权激励计划，允许挂牌的同时进行定向增资，并取消了地方政府确认函的要求。

表 2-1　新三板、创业板、主板挂牌条件对比

项目	新三板挂牌条件	创业板 IPO 条件	主板(中小板)IPO 条件
经营年限	依法设立且合法存续2年以上的股份有限公司,有限公司整体变更可以连续计算	依法设立且合法存续 3 年以上的股份有限公司,有限公司整体变更可以连续计算	依法设立且合法存续 3 年以上的股份有限公司,有限公司整体变更可以连续计算
主营业务	业务明确	发行人应当主要经营一种业务,最近 2 年内主营业务没有发生重大变化	最近 3 年内没有发生重大变化
盈利要求	具有持续经营能力	近 2 年连续盈利,最近 2 年净利润累计不少于 1000 万元且持续增长;或者最近 1 年盈利,且净利润不少于 500 万元,最近 1 年营业收入不少于 5000 万元,最近 2 年营业收入增长率均不低于 30%。净利润以扣除非经常性损益前后孰低者计算	最近 3 个会计年度净利润为正且累计超过 3000 万元,净利润以扣除非经常性损益前后较低者为计算依据 最近 3 个会计年度经营活动现金流量累计超过 5000 万元;或最近 3 个会计年度营业收入超过 3 亿元
公司治理	公司治理结构健全,合法规范经营	最近 2 年董事和高级管理人员没有重大变动,实际控制人没有变更	最近 3 年董事、高级管理人员没有发生重大变化、实际控制人不得变更
股本要求	按《公司法》要求执行	发行后股本总额不少于 3000 万元	发行前股本总额不少于 3000 万元
股权要求	股权清晰,股份发行和转让行为合法合规	股权清晰,控股股东和受控股股东、实际控制人支配的股东所持发行人的股份不存在重大权属纠纷	股权清晰,控股股东和受控股股东、实际控制人支配的股东所持发行人的股份不存在重大权属纠纷
持续督导	主办券商推荐并持续督导	证券上市当年剩余时间及其后 3 个完整会计年度	证券上市当年剩余时间及其后 2 个完整会计年度
资产要求	无	最近一期末净资产不少于 2000 万元,且不存在未弥补亏损	最近一期末不存在未弥补亏损,最近一期末无形资产(扣除土地使用权、水面养殖权和采矿权等后)占净资产的比例不高于 20%

对于上述六项条件,由于无指标性要求,在实际操作过程中,让拟挂牌公司和主办券商难以真实衡量和把握。在发布《业务规则》5 个月后,系统公司又按照“可把控、可举证、可识别”的原则,对《业务规则》的六项挂牌条件进一步细化,形成《全国中小企业股份转让系统股票挂牌条件适用基本标准指引(试行)》(简称“《挂牌条件标准指引》”)。

一、如何认定"依法设立且存续满两年"

根据《挂牌条件标准指引》,"依法设立且存续满两年"的标准如下:

"(一)依法设立,是指公司依据《公司法》等法律、法规及规章的规定向公司登记机关申请登记,并已取得《企业法人营业执照》。

"1. 公司设立的主体、程序合法、合规。

"(1)国有企业需提供相应的国有资产监督管理机构或国务院、地方政府授权的其他部门、机构关于国有股权设置的批复文件。

"(2)外商投资企业须提供商务主管部门出具的设立批复文件。

"(3)《公司法》修改(2006 年 1 月 1 日)前设立的股份公司,须取得国务院授权部门或者省级人民政府的批准文件。"

案例链接　天津市首家国有控股企业天房科技挂牌"新三板"

天房科技(天津市天房科技发展股份有限公司),证券代码 430228,2013 年 7 月 1 日挂牌。

天房集团目前持有天房科技 69.984% 的股份,是天房科技的控股股东。天津市国有资产监督管理委员会持有天房集团 100% 的股份,为天房科技的实际控制人。

根据《公开转让说明书》,天房科技历次股权变更的国有股权批复和备案情况如下:

1. 天房集团对于有限公司股权转让的批复和确认

2012 年 12 月 5 日,天房集团出具《关于控股子公司天津市天房科技发展有限公司历史沿革过程中股权转让和增资行为的说明》(以下简称"《说明》"),对有限公司阶段股权转让和历次增资行为确认如下:天房集团及天房物业 2002 年 9 月向腾达楼宇的股权转让行为经过天房集团国有资产管理部门批准同意,是天房集团真实意思的表示,且经过有限公司股东会审议通过，程序合法有效。本次股权转让中，天房集团与天房物业已足额收到对价支付，对有限公司、腾达楼宇均无潜在的法律纠纷。由于天房集团与天房物业向有限公司出资及股权转让的时间间隔较短，在此期间有限公司的净资产并未发生较大变化，按原始出资金额核算此次股权转让价格的定价方式公允，因此虽然上述股权转让过程未履行国有资产评估程序，但未造成国有资产流失，也未对天房集团、天房物业及其他第三方造成任何损失。

2. 天房集团对有限公司增资行为的批复和确认

天房集团在《说明》中确认：公司2003年、2005年、2011年的三次增资过程均经过天房集团国有资产投资管理的内部决策程序，是天房集团真实意思的表示，且均经过有限公司股东会审议通过，审批程序合法有效。有限公司第三次增资完成后，虽然天房集团对有限公司持股比例发生变化，但由于其持股比例的变化方向为增加，且有限公司经营状况良好、盈利能力增长较快，提高国有资产控股比例有利于国有资产的保值增值，因此增资过程虽未履行国有资产评估程序，但并未造成国有资产流失。

3. 天津市国资委对于公司整体变更的批复

2012年10月22日，天津市人民政府国有资产监督管理委员会出具“津国资企改〔2012〕311号”《市国资委关于同意天津市天房科技发展有限公司股份制改制并进入股份报价转让系统的批复》，确认了天房科技的股权结构，即天房集团持股比例为68.984%，腾达楼宇持股比例为30.016%，同意天房科技整体变更为股份公司并进入股份报价转让系统，并要求公司在股份公司法人营业执照及企业国有资产产权登记证变更完毕后向天津市国资委备案。

4. 国有资产产权登记备案情况

2005年12月8日，公司取得国有资产产权占用登记证，确认公司注册资本为2000万元，也即至2005年12月8日公司的国有资产产权登记情况得到确认。2013年1月24日，有限公司2011年增资至10016万元及2012年完成整体变更为股份有限公司的行为，已完成企业国有资产产权登记备案，公司取得编号为1200002013012400016的《企业国有资产产权登记表》。

“2. 公司股东的出资合法、合规，出资方式及比例应符合《公司法》相关规定。

“（1）以实物、知识产权、土地使用权等非货币财产出资的，应当评估作价，核实财产，明确权属，财产权转移手续办理完毕。

“（2）以国有资产出资的，应遵守有关国有资产评估的规定。

“（3）公司注册资本缴足，不存在出资不实情形。”

案例链接 以货币资金填实人力资源出资、管理资源及实物出资

联动设计（武汉联动设计股份有限公司），证券代码430266，2013年7月23日挂牌。

根据《关于武汉联动设计股份有限公司之股份进入全国中小企业股份转让系统挂牌之法律意见书》：

2001年2月19日，武汉市东湖开发区管理委员会发布了《武汉东湖开发区管委会关于支持武汉光电子信息产业基地（武汉·中国光谷）建设若干政策实施细则的通知》（武新管综〔2001〕10号）（简称“通知”），根据该通知第七条的规定，股东以人力资源入股的，经全体股东约定，可以占注册资本的35%（含35%）以内。2000年4月12日，武汉市人民政府办公厅发布了《关于加快高新技术创业服务中心建设与发展步伐的通知》（武政办〔2000〕63号），该通知第七条之规定：“鼓励创业中心通过投资、提供优质服务等方式持有在孵企业的一定股权。”依据上述通知，2003年武汉联动设立时，股东黄万良、黄玉娇、朱桂兰、任德才分别以人力资源向公司出资共计340万元；股东留学生创业园以管理资源向公司出资10万元。2005年3月，任德才将其持有的上述人力资源管理出资50万元转让给黄万良。

关于有限责任公司的股东出资方式,原《公司法》(1999 年 12 月生效并实施,2006 年 1 月 1 日新《公司法》实施后失效)第二十四条规定:“股东可以用货币出资,也可以用实物、工业产权、非专利技术、土地使用权作价出资(以下省略)”。现行《公司法》第二十七条规定:“股东可以用货币出资,也可以用实物、知识产权、土地使用权等可以用货币估价并可以依法转让的非货币财产作价出资;但是,法律、行政法规规定不得作为出资的财产除外。对作为出资的非货币财产应当评估作价,核实财产,不得高估或者低估作价。法律、行政法规对评估作价有规定的,从其规定。全体股东的货币出资金额不得低于有限责任公司注册资本的百分之三十。”因此,武汉联动上述人力资源出资及管理资源出资虽然符合《武汉东湖开发区管委会关于支持武汉光电子信息产业基地(武汉 · 中国光谷)建设若干政策实施细则的通知》及《关于加快高新技术创业服务中心建设与发展步伐的通知》,但不符合原《公司法》及现行《公司法》关于公司出资方式的规定。

为规范上述出资问题,2012 年 11 月,武汉联动股东黄万良、黄玉娇、朱桂兰及留学生创业园将各自在公司的人力资源出资、管理资源出资分别以货币出资的方式予以填实。

2004 年 7 月,武汉联动股东黄万良、龚祥桂、朱桂兰、赖明云分别将其认缴的部分货币出资 382 万元变更为实物出资,该部分实物出资主要为型钢、螺纹钢筋、仪表仪器。2011 年 10 月 31 日,股东龚祥桂将其持有的上述 303 万元实物出资转让给黄万良。该部分实物出资与公司经营关联性不大,并且,根据 2012 年 10 月 22 日武汉中天奇会计师事务所有限公司出具的(武奇会专审字〔2012〕第 001 号)《关于武汉联动设计工程有限公司截至 2012 年 10 月 19 日止历次出资验资复核报告》,由于时间久远,无法获取相关原始资料证明出资实物所有权已转移至公司。

为规范上述出资瑕疵,股东黄万良、朱桂兰、赖明云及黄玉娇将各自在公司的实物出资分别以货币出资的方式予以填实。

“(二)存续两年是指存续两个完整的会计年度。

“（三）有限责任公司按原账面净资产值折股整体变更为股份有限公司的，存续时间可以从有限责任公司成立之日起计算。整体变更不应改变历史成本计价原则，不应根据资产评估结果进行账务调整，应以改制基准日经审计的净资产额为依据折合为股份有限公司股本。申报财务报表最近一期截止日不得早于改制基准日。”

案例链接　以现金补足股份公司设立时调减的改制基准日净资产与注册资本差额

维珍创意（北京维珍创意科技股份有限公司），证券代码430305，2013年8月16日挂牌。

《北京大成律师事务所关于北京维珍创意科技股份有限公司股份进入全国中小企业股份转让系统公开转让之补充法律意见书（一）》写道：

七、关于维珍股份发起人以现金补足维珍股份设立时调减的改制基准日净资产与注册资本差额相关事宜的法律意见

在本次中介机构对维珍股份补充核查的过程中，中勤万信会计师根据维珍股份的业务实质，对其2011年度主营业务收入对应的应交税金金额进行了测算，并根据测算结果对维珍股份以前年度财务状况和经营成果进行了调整。追溯调整后，维珍股份截至2011年12月31日的股东权益合计为11956649.83元，比追溯调整前的13066548.23元调减了1109898.40元。为了避免前述审计调整事项对维珍股份的设立及发起人的出资产生影响，维珍股份决定由发起人高丽平、张秀清以现金方式对维珍股份补足所差的注册资本，具体实施过程如下：

1. 2013年7月10日，维珍股份召开2013年第二次临时股东大会，对中勤万信会计师关于公司报告期财务报表的审计调整予以确认，并决议由维珍股份发起人高丽平、张秀清按照当时出资比例对因上述审计调整所导致的改制基准日净资产的减少数额1109898.40元进行补足，高丽平补足出资11098.98元、张秀清补充出资1098799.42元。

2. 中勤万信会计师于2013年7月10日出具了《财务报表对以前报

告披露的财务报表数据进行追溯调整的转向说明》(勤信专字〔2013〕第548号),确认了审计调整对2011年12月31日的净资产影响数为调减1109898.40元,并确认了上述变动对其2013年3月28日出具的《验资报告》[(2012)中勤验字第03012号]的影响如下:

报表项目	追溯调整后(元)	追溯调整前(元)	影响(元)
股本	11890101.60	13000000.00	-1109898.40
资本公积	66548.23	66548.23	无
资产合计	11956649.83	13066548.23	-1109898.40

上述专项说明同时确认关于上述调减金额,维珍股份发起人已于2013年7月10日以现金方式补足。

3. 经核查中国民生银行股份有限公司北京西长安街支行的《大额支付往来记账凭证》,维珍股份已于2013年7月10日收到高丽平投入的投资款11098.98元、张秀清投入的投资款1098799.42元。

经本所律师核查:

1. 维珍股份上述股改基准日2011年12月31日净资产数额调整是由于在审计过程中发现新的调整事项而发生;

2. 相关调整事项以及因该等调整事项所导致的改制基准日净资产的减少数额1109898.40元由维珍股份发起人高丽平、张秀清以现金补足,均已经维珍股份股东大会审议通过;

3. 维珍股份审计机构中勤万信会计师出具了补充说明和确认文件,明确了维珍股份设立时的《验资报告》所载注册资本及资本公积数额不会因上述审计调整发生变化,并确认了因审计调整减少的净资产已由维珍股份发起人以现金方式予以补足;

4. 维珍股份发起人高丽平、张秀清分别已将公司股东大会决议确定的补足出资金额汇入了公司账户。

综上,本所律师认为,上述审计调整事项及相应的补充净资产差额的各项安排未对维珍股份设立时的合法性产生不利影响。

因此,中介机构对"依法设立且存续满两年"的判断依据主要有:

（1）从有限责任公司设立起到挂牌申请前是否已满2年，是否依法登记注册取得《企业法人营业执照》。

（2）从有限责任公司设立到整体折股变更为股份有限公司的过程中，程序是否合法合规，是否取得了主管部门的批复文件（如有）。

（3）历次出资是否到位，是否按照规定进行了评估和验资。

（4）有限责任公司整体变更为股份有限公司时，是否按经审计的账面净资产折股（而不是评估结果），账面净资产是否大于折股后的股本。

（5）经营过程中是否存在受到工商行政处罚的情形。

（6）有限责任公司成立以来是否通过历次工商年检。

（7）在《公司章程》或其他合同、协议中是否存在可能导致公司主体资格终止的内容。

（8）公司是否存在营业期限届满，股东大会决议解散，因合并或者分立而解散，不能清偿到期债务被宣告破产，违反法律、法规被依法责令关闭等需要终止的情形。

二、如何认定“业务明确，具有持续经营能力”

《挂牌条件标准指引》对“业务明确，具有持续经营能力”的认定标准如下。

“（一）业务明确，是指公司能够明确、具体地阐述其经营的业务、产品或服务、用途及其商业模式等信息。

“（二）公司可同时经营一种或多种业务，每种业务应具有相应的关键资源要素，该要素组成应具有投入、处理和产出能力，能够与商业合同、收入或成本费用等相匹配。

“1. 公司业务如需主管部门审批，应取得相应的资质、许可或特许经营权等。

“2. 公司业务须遵守法律、行政法规和规章的规定，符合国家产业政策以及环保、质量、安全等要求。

“（三）持续经营能力，是指公司基于报告期内的生产经营状况，在可预见的将来,有能力按照既定目标持续经营下去。

“1. 公司业务在报告期内应有持续的营运记录,不应仅存在偶发性交易或事项。营运记录包括现金流量、营业收入、交易客户、研发费用支出等。

“2. 公司应按照《企业会计准则》的规定编制并披露报告期内的财务报表,公司不存在《中国注册会计师审计准则第1324号——持续经营》中列举的影响其持续经营能力的相关事项,并由具有证券期货相关业务资格的会计师事务所出具标准无保留意见的审计报告。

“财务报表被出具带强调事项段的无保留审计意见的,应全文披露审计报告正文以及董事会、监事会和注册会计师对强调事项的详细说明,并披露董事会和监事会对审计报告涉及事项的处理情况,说明该事项对公司的影响是否重大、影响是否已经消除、违反公允性的事项是否已予纠正。

“3. 公司不存在依据《公司法》第一百八十一条规定解散的情形,或法院依法受理重整、和解或者破产申请。”

根据系统公司的要求,中介机构将结合拟挂牌公司的主营业务、产品、客户、财务数据、工商登记等情况来综合判断是否“业务明确,具有持续经营能力”,但拟挂牌公司是否有持续经营能力与其报告期内是否连续亏损没有必然联系。

案例链接 主办券商对“业务明确,具有持续经营能力”的认定

长虹立川[长虹立川(天津)科技股份有限公司①],证券代码430218,2013年5月16日挂牌。

根据《齐鲁证券有限公司推荐长虹立川(天津)科技股份有限公司股票进入全国中小企业股份转让系统挂牌的推荐报告》:

公司的主营业务是软件产品开发与销售、电子产品的销售与施工。

① 长虹立川在挂牌前2年1期均亏损。

经过十多年的积累，公司逐步形成了自己的产品体系，积累了优质客户渠道，建立了软件研发团队。公司主要的服务对象为金融、制造等领域的企业及教育机构。

2010 年、2011 年、2012 年 1—9 月，经审计的公司主营业务收入分别为 3408129.56 元、3947730.26 元、6495215.08 元，占营业收入比重均为 100%，主营业务突出。公司自设立以来主营业务没有发生重大变化。

近两年公司合法经营，按时通过工商年检，经国富浩华会计师事务所（特殊普通合伙）审计，公司在 2010 年度、2011 年度、2012 年 1—9 月具有持续经营能力。

三、如何认定“公司治理机制健全，合法规范经营”

根据《挂牌条件标准指引》，是否符合“公司治理机制健全，合法规范经营”的要求可从以下方面判断。

“（一）公司治理机制健全，是指公司按规定建立股东大会、董事会、监事会和高级管理层（以下简称“三会一层”）组成的公司治理架构，制定相应的公司治理制度，并能证明有效运行，保护股东权益。

“1. 公司依法建立“三会一层”，并按照《公司法》《非上市公众公司监督管理办法》及《非上市公众公司监管指引第 3 号——章程必备条款》等规定建立公司治理制度。

“2. 公司“三会一层”应按照公司治理制度进行规范运作。在报告期内的有限公司阶段应遵守《公司法》的相关规定。

“3. 公司董事会应对报告期内公司治理机制执行情况进行讨论、评估。”

知识链接

公众公司公司治理中几个非必备条件

根据《非上市公众公司监管指引第 3 号——章程必备条款》：

第十条　章程应当载明公司信息披露负责机构及负责人。如公司设置董事会秘书的，则应当由董事会秘书负责信息披露事务。

第十五条　公司股东大会选举董事、监事，如实行累积投票制的，应当在章程中对相关具体安排作出明确规定。

公司如建立独立董事制度的，应当在章程中明确独立董事的权利义务、职责及履职程序。

公司如实施关联股东、董事回避制度，应当在章程中列明需要回避的事项。

因此，非公众上市公司可以不设置董事会秘书（但在实际操作中，根据登记公司的要求，可能需要设置董事会秘书和证券事务代表）、不实行累计投票制、不建立独立董事制度[①]，但必须指定信息披露负责机构及负责人，以及遵守《公司法》《非公办法》中关于公司的控股股东、实际控制人、董事、监事、高级管理人员及其关联方不得利用其关联关系损害公司利益的规定。

“（二）合法合规经营，是指公司及其控股股东、实际控制人、董事、监事、高级管理人员须依法开展经营活动，经营行为合法、合规，不存在重大违法违规行为。

“1. 公司的重大违法违规行为是指公司最近24个月内因违犯国家法律、行政法规、规章的行为，受到刑事处罚或适用重大违法违规情形的行政处罚。

“（1）行政处罚是指经济管理部门对涉及公司经营活动的违法违规行为给予的行政处罚。

“（2）重大违法违规情形是指，凡被行政处罚的实施机关给予没收违法所得、没收非法财物以上行政处罚的行为，属于重大违法违规情形，但处罚机关依法认定不属于的除外；被行政处罚的实施机关给予罚款的行为，除主办券商和律师能依法合理说明或处罚机关认定该行为不属于重

---

① 系统公司发布的《常见问题解答（第三期）》中也对申请挂牌公司不强制设立独立董事进行了明确。

大违法违规行为的外，都视为重大违法违规情形。”

案例链接　因逾期纳税产生小额税务滞纳金的情形

国威机床（武汉国威重型机床股份有限公司），证券代码430265，2013年7月22日挂牌。

国威机床在《公开转让说明书》中披露：“公司近两年存在因逾期纳税产生的小额税务滞纳金，但不存在违法违规行为，也不存在因违反国家法律、行政法规、部门规章、自律规则等收到刑事、民事、行政处罚或纪律处分及诉讼费用的支出。”

在《关于武汉国威重型机床股份有限公司申请股票在全国中小企业股份转让系统挂牌的法律意见》中可以了解到，武汉市工商行政管理局江夏分局、武汉市江夏区国家税务局、武汉市江夏区地方税务局、武汉市江夏区安全生产监督管理局、武汉市质量技术监督局江夏分局、武汉市江夏区人力资源和社会保障局、武汉市江夏区环境保护局分别出具了《证明》，证明国威机床不存在尚未了结或可预见的重大诉讼、仲裁及行政处罚案件。

案例链接　存在不规范票据融资行为的案例

天房科技的《公开转让说明书》称：

最近两年，公司曾存在开具无真实交易背景票据进行融资的行为（以下简称“不规范票据融资”）。具体表现为以下两种形式：(1)以一份钢材采购业务合同向多家银行重复申请承兑汇票融资；(2)以未实际执行的采购合同向银行申请开具承兑汇票融资。票据发生额、无真实交易背景票据额度及占比详见下表：

项目		2012 年度/ 2012 年 12 月 31 日	2011 年度/ 2011 年 12 月 31 日
票据发生额(万元)		63294.76	5490.07
其中	无真实交易背景票据(万元)	50646.00	5000.00
	占发生额比例(%)	80.02	91.06
票据期末余额(万元)		454.49	5490.97
其中	无真实交易背景票据(万元)	0.00	5000.00
	占发生额比例(%)	0.00	91.06

公司开具无真实交易背景的银行承兑汇票,目的是为其控股股东天房集团提供融资。所融资金的使用方是天房集团,相应融资成本和费用也都由天房集团承担。

2012 年 12 月起,公司逐步规范票据行为,强化内部控制,严格票据业务的审批程序,从 2012 年 12 月 1 日至本公开转让说明书出具日,没有新发生开具无真实交易背景票据的行为。所有票据均及时履行了相关票据义务,不存在逾期票据及欠息情况,不存在纠纷。截至 2012 年 12 月 20 日,开具的无真实交易背景的票据已经全部完成解付。上述不规范票据融资行为虽然违反《中华人民共和国票据法》第十条:“票据的签发、取得和转让,应当遵循诚实信用的原则,具有真实的交易关系和债权债务关系。票据的取得,必须给付对价,即应当给付票据双方当事人认可的相对应的代价”,但根据《中华人民共和国票据法》第一百零二条“有下列票据欺诈行为之一的,依法追究刑事责任”、第一百零三条“有前条所列行为之一,情节轻微,不构成犯罪的,依照国家有关规定给予行政处罚。”判断,公司不规范票据融资行为不属于《中华人民共和国票据法》所述可能被行政处罚的行为之一,所以公司不会因不规范票据融资行为受到行政处罚。

同时,公司的董事及高级管理人员未从中取得任何个人利益,不存在票据欺诈行为,亦未因过往期间该等不规范票据融资行为受到过任何行政处罚。公司就此事项出具了《关于规范票据管理的承诺函》:“将严格按照《票据法》等有关法律、法规要求开具所有票据,规范票据管理,杜绝发生任何违反票据管理相关法律法规的票据行为。”

公司控股股东天房集团也就此事项出具了《关于规范公司票据使用的承诺函》:"(1)截至2012年12月20日,确保天房科技开具的不规范票据完成解付;(2)不允许再发生与天房科技进行不规范票据的融资行为;(3)如天房科技因上述不规范使用票据行为而受到任何处罚,或因该等行为而被任何第三方追究任何形式的法律责任以及造成有关损失均由我集团承担相应责任。"

律师认为:报告期内,公司与控股股东及其控股子公司之间的部分银行承兑汇票往来没有真实的交易背景,存在不规范之处,但公司已清理完毕,实际控制人已承诺承担全部责任,该等票据融资行为不会对公司或公司其他股东的利益造成损害,对本次公司申请股票在全国中小企业股份转让系统挂牌并公开转让不构成实质性法律障碍。

"(3)公司最近24个月内不存在涉嫌犯罪被司法机关立案侦查,尚未有明确结论意见的情形。

"2. 控股股东、实际控制人合法合规,最近24个月内不存在涉及以下情形的重大违法违规行为:

"(1)控股股东、实际控制人受刑事处罚;

"(2)受到与公司规范经营相关的行政处罚,且情节严重;情节严重的界定参照前述规定;

"(3)涉嫌犯罪被司法机关立案侦查,尚未有明确结论意见。

"3. 现任董事、监事和高级管理人员应具备和遵守《公司法》规定的任职资格和义务,不应存在最近24个月内受到中国证监会行政处罚或者被采取证券市场禁入措施的情形。"

案例链接　报告期内董事、监事、高级管理人员任职存在瑕疵

众联信息（武汉众联信息技术股份有限公司），证券代码 430315，2013 年 8 月 14 日挂牌。

《北京德恒（武汉）律师事务所关于武汉众联信息技术股份有限公司申请股票在全国中小企业股份转让系统挂牌的法律意见书》写道：

根据股份公司及董事、监事和和高级管理人员出具的承诺，股份公司现有的董事、监事和高级管理人员不存在下列情形，具备法律、法规、规范性文件以及《公司章程》规定的任职资格：

1. 无民事行为能力或者限制民事行为能力；

2. 因贪污、贿赂、侵占财产、挪用财产或者破坏社会主义市场经济秩序，被判处刑罚，执行期满未逾五年，或者因犯罪被剥夺政治权利，执行期满未逾五年；

3. 担任破产清算的公司、企业的董事或者厂长、经理，对该公司、企业的破产负有个人责任的，自该公司、企业破产清算完结之日起未逾三年；

4. 担任因违法被吊销营业执照、责令关闭的公司、企业的法定代表人，并负有个人责任的，自该公司、企业被吊销营业执照之日起未逾三年；

5. 个人所负数额较大的债务到期未清偿。

根据本所律师的适当核查，有限公司阶段，程峰担任有限公司执行董事兼总经理，股份公司设立初期，程峰担任公司监事；另据核查，程峰曾在武汉市怡丰广告发展有限责任公司、武汉市怡丰科技发展有限责任公司任董事长，前述两公司于 2011 年 2 月 15 日因长期未经营被吊销营业执照；根据股份公司 2012 年 12 月 26 日召开的第一次股东大会决议，程峰辞去执行董事和总经理，担任股份公司监事；根据股份公司 2013 年 1 月 23 日召开的 2013 年第二次临时股东大会决议，程峰辞去股份公司监事。本所律师认为，程峰担任董事、监事、高级管理人员的资格在 2011 年 2 月至 2013 年 1 月期间存在瑕疵，但程峰自 2013 年 1 月 23 日起已不再担任

股份公司的董事、监事、高级管理人员。

“（三）公司报告期内不应存在股东包括控股股东、实际控制人及其关联方占用公司资金、资产或其他资源的情形。如有，应在申请挂牌前予以归还或规范。”

案例链接　公司验资后将出资抽回以偿还第三人的行为

伟力盛世（天津伟力盛世节能科技股份有限公司），证券代码430312，2013年8月8日挂牌。

《上海市建纬（北京）律师事务所关于天津伟力盛世节能科技股份有限公司股票在全国中小企业股份转让系统挂牌的专项法律意见书》写道：

关于公司股东以人民币400万元增资的合法合规性分析

根据律师自工商行政管理部门查询到的信息，2010年12月7日，经天津伟力盛世节能科技有限公司（以下简称“有限公司”）股东会同意，有限公司注册资本增至500万元，此次新增注册资本共计400万元，分别由公司三名股东以货币形式缴纳，其中股东路海涛增资220万元，股东杨维浩增资100万元，股东李爱萍增资80万元。

根据股东路海涛、李爱萍提供的情况，此次增资所涉及的全部货币资金共计人民币400万元全部为股东路海涛、杨维浩和李爱萍自第三方借贷而取得，根据其与第三方约定，此次增资手续完成后，第三方将从有限公司账户中转出该笔借款。2010年12月8日，该第三方依照上述约定将总计为人民币400万元的款项自有限公司账户转至第三方账户。经对有限公司财务信息进行核查，有限公司就上述出资转出行为进行了相应的财务处理，即将人民币400万元计入有限公司对股东的应收账款，待未来由公司股东归还该笔款项（在股东杨维浩退出伟力盛世股东会后，其借款由路海涛、李爱萍按比例承担）。

根据2012年9月19日路海涛、李爱萍与天津星城投资发展有限公司签署的《借款协议》，有限公司股东路海涛向天津星城投资发展有限公司借款300万元，有限公司股东李爱萍向天津星城投资发展有限公司借款100万元，两笔借款期限均为一年，年利率15%；天津星城投资发展有限公司应于2012年9月21日前一次性向路海涛、李爱萍指定银行账户（即有限公司账户）支付人民币400万元，用于清偿有限公司股东对有限公司的上述应付款项。

2012年9月20日，有限公司收到天津星城投资发展有限公司支付的款项共计人民币400万元。

根据上述事实与基本情况，2010年12月，股东路海涛、李爱萍、杨维浩利用第三方借款完成向有限公司增资，其行为属于《关于适用〈中华人民共和国公司法〉若干问题的规定（三）》中规定之第三人代垫资金协助股东出资的行为，即第三人协助股东出资，同时双方明确约定在公司验资后或者在公司成立后将该发起人的出资抽回以偿还该第三人的行为。

律师认为，有限公司增资手续完成后，有限公司股东将增资款向第三方转出的行为直接造成该次增资行为存在不规范之处，且一般情况下，公司股东出资不规范会直接给公司日常经营造成一定不良影响，但：

1. 2010年12月，在第三方将此次增资资金转出后，公司全体股东将上述基于第三方借款而形成的出资主动认定为自己对公司的负债，并记入公司财务账目中相应会计科目，有待归还，全体股东对此均无异议；

2. 公司股东路海涛、李爱萍于2012年9月20日已经将上述不规范增资所涉及资金共计人民币400万元通过向天津星城投资发展有限公司借款而全额补足；

3. 经公司确认，上述不规范增资行为未给公司日常经营及股东、债权人利益造成根本性损害。

综上，公司股东虽然已将资金全额补足，且未对公司经营造成根本性损害，亦未损害其他股东及债权人利益，但该次增资行为的确存在不规范情况。根据路海涛、李爱萍与天津星城投资发展有限公司签署的《借款协议》，路海涛向天津星城投资发展有限公司借款300万元，李爱萍向天津星城投资发展有限公司借款100万元，上述借款均由天津星城投资发展有限公司向有限责任公司账户支付，并由路海涛、李爱萍承担还款义务。因此律师认为，股份公司与天津星城投资发展有限公司之间不存在债权债务关系。

“（四）公司应设有独立财务部门进行独立的财务会计核算，相关会计政策能如实反映企业财务状况、经营成果和现金流量。”

根据系统公司的要求，中介机构在对“公司治理机制健全，合法规范经营”的认定中主要关注以下方面的内容：

（1）股份公司设立时股东大会召开、董事会的选举和召开、监事会的选举和召开是否符合法律规定，以及高级管理人员是否依照《公司法》及《公司章程》选举产生。

（2）公司是否建立了健全的公司治理制度，包括但不限于《股东大会议事规则》《董事会议事规则》《监事会议事规则》《关联交易管理办法》等。

（3）股份公司成立以来，公司的内控制度和各议事规则是否得到有效执行，是否建立了与生产经营相适应的组织机构等，各组织机构是否权责清晰。

（4）如有必要，需向主管部门如工商、税务等部门了解公司遵纪守法情况。

（5）获取控股股东、实际控制人和管理层的无不良诚信状况的证明资料以及无违法违规行为的证明资料。

四、如何认定“股权明晰，股票发行和转让行为合法合规”

根据《挂牌条件标准指引》，“股权明晰，股票发行和转让行为合法合规”的要求标准如下。

“（一）股权明晰，是指公司的股权结构清晰，权属分明，真实确定，合法合规，股东特别是控股股东、实际控制人及其关联股东或实际支配的股东持有公司的股份不存在权属争议或潜在纠纷。

“1. 公司的股东不存在国家法律、法规、规章及规范性文件规定不适宜担任股东的情形。

“2. 申请挂牌前存在国有股权转让的情形,应遵守国资管理规定。

“3. 申请挂牌前外商投资企业的股权转让应遵守商务部门的规定。”

案例链接　股份代持情况下股权明晰的认定

《北京维珍创意科技股份有限公司公开转让说明书》写道:

控股股东及实际控制人持股情况

公司控股股东是张秀清,实际控制人是高利军。

张秀清持有公司 89.70% 的股份,计 1366 万股。张秀清是公司的控股股东,张秀清为高利军之母亲,但其不参与公司经营管理,公司的经营管理权及重大决策权由高利军行使,且高利军担任公司的董事长、总经理和法定代表人,对公司经营决策有决定性影响。所以,实际控制人是高利军。

《北京大成律师事务所关于北京维珍创意科技股份有限公司股份进入全国中小企业股份转让系统公开转让之补充法律意见书(一)》写道:

二、《反馈意见》重点问题之 2:实际控制人高利军不持有公司任何股份,在公司股东中,高利军母亲张秀清持股 89.7%,大姐高丽平持股 0.85%,姐夫陈存福持股 0.53%。请公司披露高利军与张秀清、高丽平、陈存福之间是否存在股份代持、股份代持形成原因以及代持协议主要内容,公司股份权属是否清晰、明确,是否存在潜在权属争议或纠纷。请主办券商及律师核查并发表意见。

(一)关于公司披露高利军与张秀清、高丽平、陈存福之间是否存在股份代持、股份代持形成原因以及代持协议主要内容。

本所律师查阅了公司的工商资料,并分别对高利军、张秀清、高丽平、陈存福进行了访谈,取得了高利军与张秀清之间的《转股协议》和《股权代持协议》。

经核查，高利军与张秀清之间存在股份代持情况。其股份代持的形成原因为：高利军在取得了外籍身份之后由于对法律、法规不了解，没有及时注销中国国籍手续，并以中国国籍身份证明文件申请登记注册了维珍有限，为纠正维珍有限的设立程序瑕疵，高利军将其持有的维珍有限的全部股权转让给张秀清，双方签订了《转股协议》和《代持协议》。

上述《代持协议》的主要内容为：

1. 张秀清（以下简称“乙方”）为维珍有限的名义股东，代高利军（以下简称“甲方”）持有维珍有限99%的股权，甲方实际享有该股权投资的全部投资收益和股东权利，承担投资风险。

2. 乙方不实际享有任何股东权利，除按甲方指示办理相关事务外，乙方不得擅自对股权进行任何处置，包括但不限于：自行行使股东权利、转让、质押、委托管理等。

3. 甲方有权随时解除代持，乙方应在接到甲方解除通知后全力配合甲方办理解除代持及股权转让给甲方或甲方指定的第三方的相关手续，由此产生的费用全部由甲方承担。

4. 维珍有限将于2012年申请变更设立为北京维珍创意科技股份有限公司，乙方应作为维珍股份的名义发起人，甲方作为维珍股份的实际发起人，乙方按照甲方指示配合维珍股份成立的相关手续。

5. 在股份公司成立后乙方代甲方持有维珍股份的相应股份并应遵守本协议第1条、第2条、第3条的规定。

6. 股份公司成立后，如甲方还需增持股份，甲方将所需资金交给乙方，资金仍以乙方名义代为出资，增持股份也由乙方代甲方持有，同时遵守本协议第1条、第2条、第3条的规定。

经高利军、高丽平、陈存福各自书面确认并经本所律师适当核查，高利军与高丽平、陈存福之间不存在股份代持情况。

（二）关于公司股份权属是否清晰、明确，是否存在潜在权属争议或纠纷。请主办券商及律师核查并发表意见。

关于该问题，除查阅工商资料等相关资料外，本所律师对公司股东进行了访谈，并分别取得了其所出具的《关于持有公司股份的声明》，高利军的父亲及姐姐也出具了《关于张秀清代持北京维珍股份的情况确认》。

1. 根据公司各股东的书面说明并经本所律师适当核查，除上述张秀清代高利军持有公司股份外，其余股东均为其名下所持公司股份的实际持有人，公司股东所持股份均不存在信托、委托持股或者类似安排，不存在质押、冻结或设定其他第三人权益的情形。

2. 高利军就其与张秀清之间的股份代持关系签有详细的代持协议，协议内容全面、合法有效；代持法律关系清晰、明确。

3. 根据高利军的父亲和姐姐出具的《关于张秀清代持北京维珍股份的情况确认》，其均知悉张秀清与高利军之间的股份代持关系，并确认该等代持股份、相关各项权益以及其未来所产生的收益均非张秀清的个人财产，而系高利军的个人财产，并承诺，未来不对该等财产主张任何利益、权益和要求。

综上，本所律师认为，公司股份权属清晰、明确，不存在潜在权属争议或纠纷。

"（二）股票发行和转让合法合规，是指公司的股票发行和转让依法履行必要内部决议、外部审批（如有）程序，股票转让须符合限售的规定。

"1. 公司股票发行和转让行为合法合规，不存在下列情形：

"（1）最近36个月内未经法定机关核准，擅自公开或者变相公开发行过证券；

"（2）违法行为虽然发生在36个月前，目前仍处于持续状态，但《非上市公众公司监督管理办法》实施前形成的股东超200人的股份有限公司经中国证监会确认的除外。

"2. 公司股票限售安排应符合《公司法》和《全国中小企业股份转让系统业务规则（试行）》的有关规定①。

"（三）在区域股权市场及其他交易市场进行权益转让的公司，申请

① 关于该问题的案例与解释请参见本章第三节监管部门关注的问题：一、拟挂牌公司的设立、出资、股权转让中的（三）股权转让的问题。

股票在全国股份转让系统挂牌前的发行和转让等行为应合法合规。”

知识链接

区域性股权交易市场所挂牌公司登陆新三板应履行的程序

根据股份转让系统披露的《常见问题解答(第一期)》：

符合条件的区域性股权交易场所挂牌公司均可申请在全国股份转让系统挂牌，适用全国股份转让系统相关业务规则规定的挂牌程序。但在申请挂牌前须停止其在区域股权市场的转让、发行等行为，已进行的发行、转让行为应合法合规，在全国股份转让系统挂牌前应完成在区域股权市场的摘牌手续。

“(四)公司的控股子公司或纳入合并报表的其他企业的发行和转让行为需符合本指引的规定。”

根据系统公司的要求，中介机构在对“股权明晰，股票发行和转让行为合法合规”的认定中主要关注以下方面的内容：

(1)有限公司设立以及历次增资，各股东是否依法履行了出资义务。

(2)从有限公司成立以来的历次股权转让是否是当事人真实意思的表示，是否签订了相关股权转让协议，并经过股东(大)会决议确认。

(3)公司整体变更以及历次增资、减资的程序是否合法合规。

(4)公司历次股权结构变动是否及时办理工商登记变更手续。

(5)公司是否存在股份代持、间接持股、股权质押等可能引致股权纠纷的情况。

五、关于“主办券商推荐并持续督导”

根据《挂牌条件标准指引》，要成功挂牌，还需要主办券商完成以下责任与义务。

“(一)公司须经主办券商推荐，双方签署了《推荐挂牌并持续督导协议》。

“(二)主办券商应完成尽职调查和内核程序,对公司是否符合挂牌条件发表独立意见,并出具推荐报告。”

主办券商在其出具的推荐报告中主要涵盖以下方面的内容,并公开披露。

(1)主办券商对拟推荐挂牌公司的尽职调查情况。

(2)主办券商的内核程序与内核意见。

(3)主办券商针对推荐公司是否符合五条挂牌实质条件逐条发表意见。

(4)根据拟推荐公司的具体情况发布提醒投资者注意的风险事项。

第二节

新三板的挂牌程序

新三板无财务指标的挂牌条件展现出了极强的风险包容度，经过一定规范后，符合挂牌条件的公司不在少数。企业要登陆新三板需经历以下几道主要程序。

一、中介机构的聘请与其主要职责

在挂牌前，大多数企业都是以有限责任公司的法人形态存在，但挂牌新三板的企业必须为股份有限公司，因此，登陆新三板前的首要事项就是进行股份制改造。企业进行股份制改造时，特别是针对挂牌新三板进行的股份制改造，应聘请相关中介机构，包括主办券商、律师事务所、会计师事务所和资产评估机构。

签订好服务协议后，各中介机构进驻拟挂牌企业，对企业的财务状况、持续经营能力、公司治理结构以及合法合规事项进行详细的尽职调查，在此基础上讨论、确定重大业务、财务、法律等问题的解决方案、股份公司设立前的改制重组方案及股份公司设立方案，拟定挂牌工作时间表。

在整个改制、挂牌及后续服务中，各中介机构的主要职责如下。

（一）主办券商的主要职责[①]

市场喜欢把主办券商（主承销商）称为企业挂牌（上市）的总导演，由此可知主办券商在企业资本运作过程中的重要性。

在股份制改造阶段，主办券商牵头和会计师事务所、律师事务所一起对有限责任公司设立以来企业的出资、增资减资、经营、财务等事项进行全方位的尽职调查后，提出修正整改意见，弥补过往事项中瑕疵和规避相关风险，并据此进行改制总体方案设计。

在推荐挂牌阶段，主办券商按照《全国中小企业股份转让系统主办券商尽职调查工作指引（试行）》等文件的要求，对企业进行全面尽职调查、履行内核程序，关注企业是否能够满足挂牌条件，一方面协助企业规范运营，一方面对企业的经营发展进行全面客观描述形成《公开转让说明书》和《推荐报告》，真实、完整地将企业状况展现给投资者，并履行对系统公司反馈意见的回答义务。

挂牌之后，主办券商还将履行对挂牌公司的持续督导义务，并且协助挂牌公司进行融资、收购等事宜。

（二）会计师事务所的主要职责

在股份制改造阶段，会计师事务所必须对有限责任公司改制基准日的财务情况进行全面审计，由拟挂牌企业以改制基准日经审计的净资产额为依据折合为股份有限公司股本。签订《发起人协议》后，会计师事务所须对净资产折股情况出具《验资报告》。2014 年 3 月 1 日后，按修订后的《公司法》和相关制度执行。

在申请挂牌阶段，会计师事务所需要出具两年一期的审计报告，申报财务报表最近一期截止日不得早于改制基准日，并履行对系统公司反馈意见的回答义务。

成功挂牌后，挂牌公司披露的年度财务报告应当经会计师事务所

① 关于主办券商的具体工作事项和要求，在本书的第六章将会详细分析说明。

审计。

除此之外，会计师事务所还应对公司的内部控制等方面加以辅导，协助企业建立完善、全面的财务管理体系和内部控制体系。

进行新三板挂牌服务的会计师事务所必须具有证券、期货相关业务资格。

（三）律师事务所的主要职责

股份制改造过程中，律师事务所主要协助企业编制发起人协议、股份公司章程等一系列相关法律文件；协助企业完善各项制度；指导企业完成董事会、监事会、高级管理人员的选举；督促企业严格依照股份公司的要求规范企业行为；参加或列席公司相关会议，协助企业起草经营过程中的法律文书。

申请挂牌时，律师事务所依法进行全面尽职调查，出具《法律意见书》；对《公开转让说明书》中的内容是否存在法律风险作出公正的判断，如有需要，可就其中相关问题提出专项法律意见，并履行对系统公司反馈意见的回答义务。

挂牌后，由律师事务所担任挂牌公司的常年法律顾问，为挂牌公司的股东大会出具法律意见书。

（四）资产评估机构的主要职责

资产评估机构在有限责任公司整体变更为股份有限公司时，须对改制基准日的企业净资产进行评估，出具《评估报告》，确认评估后净资产价值大于经审计后的账面净资产价值。

如果有需要，资产评估机构应按照企业要求对其所购买或出售的资产、股权进行评估，对企业用以出资的实物资产和无形资产进行评估，出具《评估报告》。

二、股份制公司改造与重组

聘请中介机构后，中介机构应根据初步尽职调查结果提出企业股份制改造方案,进入改制重组环节。企业改制重组是企业挂牌过程中的关键环节,改制重组是否规范直接决定了企业能否在新三板成功挂牌。企业改制重组涉及业务、资产、管理、财务、法律、人员等诸多问题,需要主办券商、会计师事务所、律师事务所、资产评估机构等中介机构的共同参与才能圆满完成。

企业的改制重组应遵循以下五个基本原则:形成明确清晰的企业发展战略,合理配置存量资源;突出主营业务,形成核心竞争力和持续发展的能力;避免同业竞争,规范关联交易;产权关系清晰,不存在法律障碍;建立公司法人治理结构,股东大会、董事会、监事会以及经理层的合规高效运作。具体而言,整个改制重组过程中有以下主要工作。

(一)制订企业改制方案

企业进行改制时,应根据相关法律、法规和政策,结合各中介机构的初步尽职调查结果,制订切实可行的企业改制重组方案。

1. 选择合适的挂牌主体

合适的挂牌主体应符合中国证监会、股份转让系统规定的挂牌条件。

(1)挂牌主体应突出主营业务,在挂牌主体内应包括主营业务相关的所有资产,使其具备完整的业务体系和独立经营的能力。

(2)挂牌主体的选择应有利于消除关联交易和同业竞争,保持独立性;挂牌企业应对同一控制下的相同、类似或相关业务进行重组整合,并对存在的不可避免的关联交易进行严格规范。

(3)挂牌主体的经营业绩应具有连续性。有限责任公司按原账面净资产值折股整体变更为股份有限公司的,存续期间可以从有限责任公司成立之日起计算。折股依据是“账面净资产值”而非经评估后的净资产,而且整体变更时不能增加股本和引入新股东,否则公司存续期间不能连续计算。

(4)挂牌主体应该在改制时剥离非经营性资产和不良资产,明确进入股份公司与未进入股份公司资产的产权关系。

2. 确定改制重组工作的主要内容

确定挂牌主体后,还可能涉及以下方面的工作。

(1)业务重组:根据拟挂牌主体的生产经营业务实际情况,结合改制目标，采取合并、分立、转让等方式对原业务范围进行重新整合。

(2)人员重组：根据拟挂牌主体的业务规模、性质，对企业人员进行分流、安置，确保进入拟挂牌主体的人员，尤其是董事、监事、高级管理人员以及财务人员的适格性和独立性。

(3)资产重组：根据拟挂牌主体的选择结果以及对改制企业产权界定结果和审计、资产评估确认额，确定股本设置的基本原则，包括企业净资产的归属和处置。

(4)财务重组：拟挂牌主体必须使用独立的银行账户，形成独立的财务会计制度并配备独立的财务人员。

(5)机构重组：拟挂牌主体应拟定董事会、监事会、经营管理层以及各职能部门的设置，通过制度安排确保相关机构和人员能够依法履行职责，形成规范的公司法人治理结构。

(6)股东结构调整：在股份制改造前，须对拟挂牌主体原有股东进行重新确定，确保股份有限公司的发起人股东的股权清晰，不存在潜在纠纷。如果有需要，可在此阶段考虑引入新的战略投资者。

(二)改制设立股份有限公司的主要程序

实际操作中，有限公司整体变更为股份公司大致程序如下：

(1)公司成立改制工作小组，对口各中介机构配合进行尽职调查。

(2)确定改制方案、改制基准日和工作时间表。由主办券商作为总协调人，按照时间表的安排稳步推进改制工作。

(3)完成审计、评估。

(4)确定发起人，签署《发起人协议》，明确各自在股份有限公司设立过程中的权利和义务，约定账面净资产值折股方案及公司其他重大事项。

(5)召开有限责任公司董事会会议及股东会会议，分别做出全体董事及股东一致同意按《发起人协议》的约定将有限公司整体变更为股份有限公司的决议。

(6)公司取得政府主管部门筹备设立股份有限公司的批复，申请股份有限公司名称预先核准。

(7)依法办理以非货币性财产出资的财产权的转移手续,完成验资(如需)。

(8)召开股份公司创立大会,审议通过有限公司整体变更设立股份公司的议案,审议通过《公司章程》《股东大会议事规则》,选举股份公司首届董事会及首届监事会的成员,审议通过关于授权股份公司董事会办理与股份公司设立有关事宜的决议。

(9)办理工商登记,领取股份公司《企业法人营业执照》,涉及国有资产及外商投资的,须事先到有关主管部门办理审批手续。

三、尽职调查与制作申报材料

根据系统公司的要求,各中介机构对股份有限公司进行全面尽职调查,并制作相关申报材料。全面尽职调查的内容和要求,将在本书第六章中进行阐述,此处主要说明申报材料的内容和要求。

根据《全国中小企业股份转让系统挂牌申请文件内容与格式指引(试行)》,企业在申请挂牌新三板时,应提交全套申请文件。申请时,股东人数未超过200人的,申请文件应提交原件一份,复印件两份,电子文件一份(电子文件需包含"书面文件扫描版"和"书面文件WORD版");申请时,股东人数超过200人的,申请文件应提交原件一份(单行本)和电子文件一份。

(一)申请时股东人数未超过200人的申请文件目录

第一部分:要求披露的文件

第一章　公开转让说明书及推荐报告

1-1 公开转让说明书(申报稿)

1-2 财务报表及审计报告

1-3 法律意见书

1-4 公司章程

1-5 主办券商推荐报告

1－6 定向发行情况报告书（如有）

知识链接

公开转让说明书与招股说明书披露信息章节区别

在信息披露上，新三板鼓励适度信息披露，只要求企业充分披露对投资者决策有用的信息，因此，在《公开转让说明书》的章节要求上与《招股说明书》有较大的区别。

新三板公开转让说明书	主板招股说明书	创业板招股说明书
声明	发行人声明	发行人声明
重大事项提示	重大事项提示	重大事项提示
公司基本情况	发行人基本情况	发行人基本情况
公司业务	业务与技术	业务与技术
	同业竞争与关联交易	同业竞争与关联交易
	董监高与核心技术人员	董监高与核心技术人员
公司治理	公司治理	公司治理
公司财务	财务会计信息	财务会计信息与管理层分析
	管理层讨论与分析	
	业务发展目标	未来发展与规划
定向发行（如有）	募集资金运用	募集资金运用
	股利分配政策	
	其他重要事项	其他重要事项
有关声明	董事、监事、高级管理人员及有关中介机构声明	有关声明
附件	附录和备查文件	备查文件

第二部分：不要求披露的文件

第二章　申请挂牌公司相关文件

2－1 向全国股份转让系统公司提交的申请股票在全国股份转让系统挂牌及定向发行（如有）的报告

2－2 有关股票在全国股份转让系统公开转让及定向发行（如有）的董事会决议

2－3 有关股票在全国股份转让系统公开转让及定向发行（如有）的股东大会决议

2－4 企业法人营业执照

2－5 股东名册及股东身份证明文件

2－6 董事、监事、高级管理人员名单及持股情况

2－7 申请挂牌公司设立时和最近两年及一期的资产评估报告

2－8 申请挂牌公司最近两年原始财务报表与申报财务报表存在差异时，需要提供差异比较表

2－9 申请挂牌公司全体董事、监事和高级管理人员签署的《董事（监事、高级管理人员）声明及承诺书》（挂牌前提供）

第三章　主办券商相关文件

3－1 主办券商与申请挂牌公司签订的推荐挂牌并持续督导协议

3－2 尽职调查报告

3－3 尽职调查工作文件

3－3－1 尽职调查工作底稿目录、相关工作记录和经归纳整理后的尽职调查工作表

3－3－2 有关税收优惠、财政补贴的依据性文件

3－3－3 历次验资报告

3－3－4 对持续经营有重大影响的业务合同

3－4 内核意见

3－4－1 内核机构成员审核工作底稿

3－4－2 内核会议记录

3－4－3 对内核会议反馈意见的回复

3－4－4 内核专员对内核会议落实情况的补充审核意见

3－5 主办券商推荐挂牌内部核查表及主办券商对申请挂牌公司风险评估表

3－6 主办券商自律说明书

3－7 主办券商业务备案函复印件（加盖机构公章并说明用途）及项目小组成员任职资格说明文件

第四章　其他相关文件

4－1 申请挂牌公司全体董事、主办券商及相关中介机构对申请文件真实性、准确性和完整性的承诺书

4－2 相关中介机构对纳入公开转让说明书等文件中由其出具的专业报告或意见无异议的函

4－3 申请挂牌公司、主办券商对电子文件与书面文件保持一致的声明

4－4 律师、注册会计师及所在机构的相关执业证书复印件（加盖机构公章并说明用途）

4－5 国有资产管理部门出具的国有股权设置批复文件及商务主管部门出具的外资股确认文件

4－6 证券简称及证券代码申请书

上述申请文件中的主申请报告应以红头文件印制，标明文号，且必须由法定代表人签发并加盖公章；每份文件应由出文单位加盖骑缝章，并在落款处加盖公章；公司章程、制度等无落款的文件，应当在章程或制度首页标题上加盖公章；申请文件中的签名均应为签名人亲笔签名，不得以名章、签名章等代替；董、监、高的声明和承诺文件，还应当附见证律师的从业资格证明文件[①]。

（二）申请时股东人数超过 200 人的申请文件目录

第一部分　要求披露的文件

第一章　公开转让说明书及推荐报告

1－1 公开转让说明书（证监会核准的最终稿）

1－2 财务报表及审计报告

1－3 法律意见书

1－4 公司章程

1－5 主办券商推荐报告

1－6 股票发行情况报告书（如有）

1－7 中国证监会核准文件

第二部分　不要求披露的文件

第二章　申请挂牌公司相关文件

2－1 向全国股份转让系统公司提交的申请股票在全国股份转让系

---

① 参见《关于做好申请材料接收工作有关注意事项的通知》（股转系统发〔2013〕23 号）。

统挂牌及股票发行(如有)的报告

2-2 有关股票在全国股份转让系统挂牌及股票发行(如有)的董事会决议

2-3 有关股票在全国股份转让系统挂牌及股票发行(如有)的股东大会决议

2-4 企业法人营业执照

2-5 股东名册及股东身份证明文件

2-6 董事、监事、高级管理人员名单及持股情况

2-7 申请挂牌公司全体董事、监事和高级管理人员签署的《董事(监事、高级管理人员)声明及承诺书》

2-8 证券简称及证券代码申请书

2-9 国有资产管理部门出具的国有股权设置批复文件及商务主管部门出具的外资股确认文件

2-10 中国证监会核准后至申请挂牌前新增重大事项的说明文件(如有)

第三章　证券服务机构相关文件

3-1 主办券商与申请挂牌公司签订的推荐挂牌并持续督导协议

3-2 主办券商业务备案函复印件(加盖机构公章并说明用途)及项目小组成员任职资格说明文件

3-3 律师、注册会计师及所在机构的相关执业证书复印件(加盖机构公章并说明用途)

关于股东人数超过200人的未上市股份有限公司申请在新三板挂牌公开转让或IPO等问题,中国证监会公布了《非上市公众公司监管指引第4号——股东人数超过200人的未上市股份有限公司申请行政许可有关问题的审核指引》,以及《非上市公众公司信息披露内容与格式准则》(1-4号)等文件进行说明。这些文件全部作为附件置于本书之后供读者参阅,书中正文内容不再详述。

四、申报、反馈与挂牌

将申报文件准备齐全后，便由拟挂牌企业和主办券商一起向股份转让系统进行申报。根据《股份公司申请在全国中小企业股份转让系统公开转让、定向发行股票的审查工作流程》和《全国中小企业股份转让系统股票挂牌业务操作指南（试行）》，申请股票在股份转让系统公开转让的审查工作及挂牌流程如下。

（一）系统公司接收材料

申请人带单位介绍信、身份证（附身份证复印件）等身份证明文件到股份转让系统接收服务大厅现场提交申报文件。系统公司对申请材料的齐备性、完整性进行检查：需要申请人补正申请材料的，按规定提出补正要求；申请材料形式要件齐备，符合条件的，系统公司出具《申请材料接收确认单》。

（二）系统公司审查并出具审查意见

1. 反馈

对于审查中需要申请公司补充披露、解释说明或中介机构进一步核查落实的主要问题，系统公司出具反馈意见。

2. 落实反馈意见

申请公司应当在要求的时间内回复意见。可以申请延期，但最长不得超过 30 个工作日。[①]。

3. 出具审查意见

申请材料和回复意见审查完毕后，系统公司出具同意或不同意挂牌

① 对需要申请挂牌公司补充披露的，公司应在反馈回复中说明补充披露的内容、中介机构结论性意见（如有），并说明需披露的内容在公开转让说明书中相应章节的修改情况，同时在公开转让说明书中以楷体加粗的格式进行修改。对需要中介机构补充提供、调查或发表意见的，中介机构应在各自需提交反馈文件的相应部分补充提供尽职调查过程中的基础性资料、进一步尽职调查的内容以及结论性意见。反馈回复材料应当在主办券商盖章页同时附内核专员、项目负责人、项目小组成员的签字。

或定向发行的审查意见①。

(三)申请证券简称及代码并办理解除首批股份限售

1. 申请证券简称、代码及解除限售(如有)

申请挂牌公司及主办券商在接到公司挂牌文件的领取通知当日,向系统公司提交《证券简称及证券代码申请书》和《挂牌公司股东所持股份解除转让限制明细表》(如有)。

为便捷高效,可先以传真或电子邮件方式发送,在领取相关文件时提交原件。

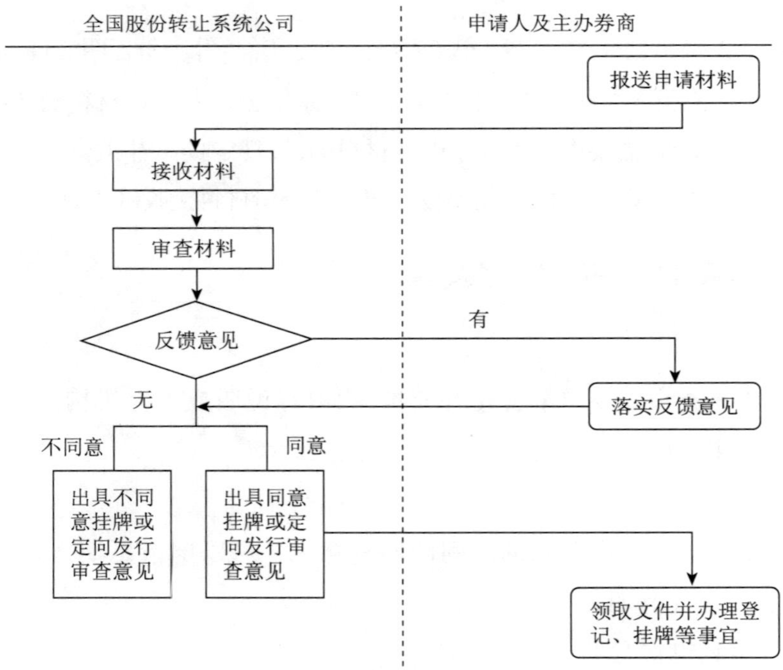

图 2-1　股份公司申请在股份转让系统公开转让、定向发行股票的审查工作流程图②

① 系统公司出具同意或不同意挂牌的函的时限为40个工作日。

② 该图表引自《股份公司申请在全国中小企业股份转让系统公开转让、定向发行股票的审查工作流程》。

2. 缴费

缴纳挂牌初费和当年年费。

3. 领文

申请挂牌公司及主办券商在完成上述工作后前往系统公司领取：系统公司出具的同意挂牌的函、中国证监会核准文件、《关于证券简称及证券代码的通知》等文件。

同时提交《证券简称及证券代码申请书》等文件的原件以及《信息披露业务流转表》（加盖公章）、《挂牌工作进度计划》（可以电子邮件方式提交）。

（四）办理信息披露及股份初始登记

1. 首次信息披露

取得证券简称和代码的当日，申请挂牌公司及主办券商向深圳证券信息公司[①]传送首次信息披露文件[②]；次一个工作日，深圳证券信息公司进行信息披露[③]。

2. 股份初始登记

取得证券简称和代码的第二日，申请挂牌公司及主办券商应前往中国证券登记结算有限责任公司深圳分公司（简称"中国结算深圳分公司"）办理股份初始登记和解除首批股份限售手续（如有），取得《股份登记确认书》。

3. 挂牌前的第二次信息披露

取得《股份登记确认书》的当日，向系统公司传真《股份登记确认书》《股票公开转让记录表》《信息披露业务流转表》，确定公司挂牌日期[④]。

---

① 未来新三板的信息披露工作将由系统公司的信息服务部来操作完成。

② 包括：(1)公开转让说明书；(2)财务报表及审计报告；(3)补充审计期间的财务报表及审计报告（如有）；(4)法律意见书；(5)补充法律意见书（如有）；(6)公司章程；(7)主办券商推荐报告；(8)定向发行情况报告书（如有）；(9)全国股份转让系统公司同意挂牌的函；(10)中国证监会核准文件；(11)其他公告文件。

③ 信息披露平台为股份转让系统指定信息披露平台：www. neeq. com. cn 或 www. neeq. cc。

④ 挂牌日最早为取得《股份登记确认书》后的第三个工作日，最迟为取得《股份登记确认书》后的第五个工作日。

T－2 日或之前（T 日为挂牌日），向深圳证券信息公司传送第二次信息披露文件[①]。T－1 日，深圳证券信息公司进行披露。

（五）挂牌及挂牌仪式

申请挂牌公司于向系统公司报送挂牌进度计划时说明是否参加集体挂牌仪式，并于仪式举办前沟通确定具体的股票挂牌仪式事宜。

（六）申请挂牌同时定向发行的股票挂牌特殊环节

1. 披露定向发行意向

申请挂牌同时定向发行的，可在报送申请挂牌材料后向系统公司提出披露定向发行意向的需求（适用于未确定定向发行对象的拟挂牌公司）。

2. 披露公开转让说明书等文件

取得证券简称和代码后，参照正常流程办理信息披露。

存在股份限售情形的，应提前与系统公司沟通。

3. 报送定向发行备案材料

在完成定向发行认购、验资后，申请挂牌公司应向系统公司报送相关材料，取得《挂牌并定向发行股份登记的函》。

4. 披露定向发行情况报告书等文件

于报送备案材料的当日，向系统公司递交《信息披露业务流转表》，向深圳证券信息公司传送《定向发行情况报告书》《关于公司定向发行股票将在全国股份转让系统挂牌公开转让的公告》等信息披露文件，第二日进行披露。

5. 办理股份登记

《定向发行情况报告书》等文件披露后，申请挂牌公司、主办券商持《挂牌并定向发行股份登记的函》等材料前往中国结算深圳分公司办理股份登记。

---

① 包括关于公司股票将在全国股份转让系统挂牌公开转让的提示性公告、关于公司定向发行股票将在全国股份转让系统挂牌公开转让的公告（如有）。

6. 披露工商变更登记公告

申请挂牌公司完成工商变更登记后，发布《关于完成工商变更登记的公告》。

其他环节参照无定向发行情形的股票挂牌流程办理。

7. 其他注意事项

申请挂牌公司股票在股份初始登记前取得《挂牌并定向发行股份登记的函》的，初始登记的股份为定向发行后的全部股份。

在股份初始登记后、挂牌日前取得《挂牌并定向发行股份登记的函》的，需再次前往中国结算深圳分公司办理新增股份登记。

拟于挂牌日后完成定向发行的，其定向发行程序按照已挂牌公司定向发行的规定办理。

第三节

监管部门关注的问题

在新三板挂牌程序中,“反馈意见”环节十分重要。反馈意见即意味着在申报材料中因为信息披露不充分或取证不充分导致系统公司对某些事项存有疑虑,因此,从反馈意见中可以看出系统公司审核时的关注点所在,这对准备挂牌新三板的企业非常有参考价值。

反馈意见一般不完整公开披露,只能从已挂牌公司披露的《补充法律意见书》来获取部分信息。需要说明的是,能够披露《补充法律意见书》的企业,都是已经成功挂牌的企业,所以,无论系统公司提出了什么样的疑问,也不管这些事项是否真实存在瑕疵或问题,都已经通过企业和中介机构的补充披露顺利过关。囿于篇幅以及本书的主题限制,本节仅对反馈意见问题进行归类整理,不再直接引述回答解决问题的方法。有兴趣的读者可以根据文中标注的挂牌公司名称,直接参看其《补充法律意见书》。

一、拟挂牌公司的设立、出资、股权转让

拟挂牌公司的设立、出资和股权转让等问题关系到拟挂牌公司是否“依法设立且存续满两年”、是否“股权明晰，股票发行和转让行为合法合规”两项挂牌条件，是系统公司审核中的重点关注对象。

（一）拟挂牌公司的设立问题

在反馈意见的问题中，关于公司的设立问题主要集中在出资方面。

1. 是否违反《公司法》关于设立出资的规定

如果公司确实存在违反《公司法》关于设立出资规定的情形，一般都会通过后期弥补，由中介机构认定不构成重大违法违规情形或不构成挂牌障碍的方法来解决。如：

“公司披露，子公司连能机电科技于 2008 年 1 月 9 日成立，股东于 2007 年 12 月 25 日缴付首期出资，于 2010 年 11 月 26 日缴付第二期出资。请主办券商和律师就未能在两年内及时缴足出资是否属重大违法违规情形发表意见，并对是否构成挂牌障碍发表意见。”（连能环保，430278）

“公司披露子公司四川得鹏设立时第一期出资 0 元，不符合《公司法》第 26 条的规定，请公司补充披露四川德鹏设立时首次出资 0 元的原因、合法性及其依据，请律师发表意见，请补充披露四川德鹏设立时确定营业期限三个月的原因。”（达美盛，430311）

2. 非货币资产出资是否存在出资不实的问题

公司设立时以无形资产或固定资产出资是否存在出资不实的问题较为常见。针对此类的问题，一般先说明非货币资产出资的程序是否合法合规，继而判断在出资时是否存在评估价值高于实际价值的情况，最后论证该项非货币资产在公司的经营过程中确实起到了相应的价值作用。如果确实存在出资瑕疵的情况，一般会伴随公司的减资或资产置换行为。如：

"请公司补充说明2000年有限公司设立时,北方电通以'SAS500系列综合终端单元'和'住宅小区智能化系统远程抄收部分'两项非专利技术出资200万元入账价值情况,请会计师就入账价值合理性及是否符合《企业会计准则》发表意见。请律师就无形资产出资是否存在出资不实等情形发表意见。请主办券商对上述事项发表意见。"(奥特美克,430245)

"2004年8月有限公司成立时,股东于现军以非专利技术——'高炉热风炉全自动化燃烧控制'出资,评估值为506万元。(2)截至公司改制时,上述无形资产虽已摊销完毕,但若存在出资不实情形,相关摊销金额影响累计未分配利润,进而影响改制时点净资产的真实性和充实性,因此请主办券商及律师对该无形资产出资是否存在出资不实的情况发表意见。"(和隆优化,430290)

3. 特殊问题

也有一些特殊的设立问题,但较为少见,如:

"1991年11月27日,有限公司设立,注册资本10万元,由12名自然人出资,为集体所有制企业。请公司披露设立时依据的法律法规,并请主办券商和律师就该公司设立、股东出资(含出资形式)、股东确认、集体所有制性质企业转变为有限责任公司的程序合规性发表意见。"(七环电气,430294)

对于这一类问题,中介机构的取证和解释就相对复杂。在该案例中,公司对设立时的股东进行了确权工作,中介机构认定出资资产不属于企业劳动群众集体所有,没有集体经济成分,是设立时股东曲解国家政策,认为将公司性质定性为集体所有制企业更有利于公司的生存和发展。同时,由武汉东湖新技术开发区管委会出具了确认函。

还有两家公司出现外籍股东设立了内资企业的问题,为了解决该瑕疵,一家公司的外资股东通过减资的方式退出(维珍创意,430305),另一家公司的外资股东则将股份转出。如:

"2009年2月18日,北京网动网络科技股份有限公司前身北京讯网天下科技有限公司(以下简称'讯网天下')成立时,股东马滨已取得澳大利亚国籍。根据讯网天下设立时的《内资企业设立登记（备案）审核表》和海淀工商局于2009年2月18日向其颁发的《企业法人营业执照》，讯网天下设立时性质为内资企业。马滨出资设立有限责任公司并持有讯网天下股权的行为是否会受到行政处罚，本次挂牌是否符合《业务规则》第2.1条第（一）项的规定。马滨出资成立内资企业的行为是否为规避《外商投资产业指导目录》中的禁止类及限制类项目。朱云同时担任公司董事、总经理和财务负责人，其为续签澳大利亚永久居留权而需较长时间驻留境外是否会对其勤勉履行职责造成不利影响。”（网动科技，430224）

（二）拟挂牌公司设立后的增减资问题

在公司设立后的增减资环节，面临的问题类型较多：首先是非货币资产出资的问题，这与设立时的出资问题十分类似，不再赘述；其次是增资程序是否合法合规的问题；再次是股东出资资产是否为公司经营所使用的问题。

1. 公司减资的原因

公司减资一般是为了弥补或降低过往增资过程中或与股东的往来款事宜中可能存在瑕疵或风险，起到真实情况还原或重新规范的作用。如：

“请主办券商补充核查公司于2012年9月将2012年5月以专有技术增资的3132万元作为减资处理的原因。请律师对前述增资与减资行为的合法性发表意见。”（430257成科机电）

“请主办券商和律师对公司2012年减资和代松以800万减资偿还公司欠款等相关事项的合理性发表意见。”（华安股份，430279）

2. 未进行同比例增资的情形

是否进行同比例增资实际上是增资程序是否合法合规的问题，只要形成了股东会决议，全体股东对非同比例增资事宜进行了认可，一般不会存在障碍。如：

“请公司补充说明有限公司2012年8月增资的程序及股东未按持股比例增资的原因。请主办券商和律师就股东未按持股比例增资是否履行股东会决议等必要程序发表意见。”（科胜石油，430284）

"请律师对天津市成科传动机电技术有限公司于2001年9月1日以未分配利润250万元增资,没有按照各股东持股比例同比增资的合法性以及是否存在潜在法律纠纷发表意见。请公司披露律师意见。"(成科机电,430257)

3. 股东是否变向占用公司财产

对此类问题,中介机构一般着墨于不存在变相占用公司财产的说明和举证上。如:

"2012年9月,股东郭立将位于海淀区上地东路1号院5号楼4层403房增资公司,该处房产的实际使用情况,是否存在股东占用或变向占用公司财产。"(华索科技,430289)

"请主办券商和律师对公司是否存在借钱给股东用于增资或固定抽逃出资的情形发表意见。"(华安股份,430279)

4. 是否履行国有资产出资审批程序

国有资产出资的问题比较敏感,如果在审批程序上存在瑕疵,需要解释说明当时未履行相关程序的原因,并从股东会程序及决议的有效性、国有出资主体的事后认可等方面来论证该事项不存在潜在风险。如:

"请公司补充披露1993年2月8日、1997年12月31日、2006年12月19日、2007年6月23日、2007年8月10日等历次增资的主体、增资方式。请公司补充披露2006年矿业公司向公司增资时是否履行了相应的国有资产出资审批程序,并披露上述增资行为是否办理了工商变更登记。请主办券商和律师就上述事项以及公司股权是否清晰发表明确意见。"(七环电气,430294)

"公司披露于2006年4月和6月分别进行两次增资,但未披露增资所应办理国资部门的批准手续。请公司充分披露该两次增资所需履行国资部门批准手续的情况。请主办券商和律师就该两次增资履行的程序是否完备、合法发表意见。"(重钢机械,430274)

"根据国有股权整改要求,针对2007年9月国有股减资退出存在的问题,需要中船重工天津公司向中船重工集团补做评估报告备案手续。请公司补充披露前述手续办理的进展情况。请主办券商和律师就国有股

减资退出时存在的问题而采取的整改措施是否合法、有效及有无潜在风险发表意见。”（重钢机械，430274）

（三）股权转让的问题

对股权转让的问题关注主要集中在股权的定价、支付是否合规、股权转让是否基于交易双方的真实意思表示，以及股权转让是否导致实际控制人发生变化等方面。特别值得注意的是，由于挂牌新三板没有向社会公众公开发行的环节，因此，如果增资所获得的股份锁定条款过于严格，将直接影响可公开转让的股份数量，所以，系统公司也对股份自愿锁定情况给予了特别关注。

1. 股权转让的合法性

关于对股权转让的合法性关注的问题有：

“请主办券商补充调查说明历次股权转让价格以及支付情况；请律师就历次股权转让的合法性及是否存在潜在法律纠纷发表意见。请公司披露主办券商和律师意见。”（成科机电，430257）

“公司披露，长沙新里程于1999年5月13日与李云明共同投资设立上海新网程，1999年11月26日，长沙新里程转让全部出资。请主办券商和律师核查长沙新里程用于出资的资金来源、股权转让价款支付情况，对股东是否存在出资不实、抽逃出资发表意见。请公司完整披露长沙新里程的名称。”（新网程，430269）

“2011年5月，郭立将143.75万元出资转让给李思妍，转让价格为143.75万元。是年，李思妍24周岁，在中国黄金集团公司工作不足1年，请就公司股权是否清晰，是否存在潜在纠纷发表意见。”（华索科技，430289）

2. 股份转让是否导致实际控制人变化

实际控制人是否发生变化是判断公司的发展战略和重大经营政策是否具有延续性的重要依据之一，因此在报告期内的股权转让，一般尽量避免实际控制人发生变化。如：

“2011年2月23日，公司召开股东会，全体股东一致同意将股权全部转让给富锦实业有限公司。请律师就公司实际控制人报告期内是否变化发表意见。如变化,请公司补充披露。”(保华石化,430302)

“关于高利军将其实际拥有的维珍股份全部赠与给张秀清的合法性。关于股份赠与完成后公司的实际控制人。”(维珍创意,430305)

3. 股份转让限制的情况

对于股份转让限制问题的解决,市场给予了两种完全不同的解决或解释方案:一种是再次签订补充协议,终止之前约定的股份转让限制条款;另一种则将股份转让限制解释为可以更好保护公司、股东和债权人的手段。如:

“公司就2010年12月有限公司的第二次增资事项,由原始股东与其他38名股东签订增资补充协议对所持股份转让做出补充限制约定;就2012年12月股份有限公司第一次增资事项,由原始股东与其他54名股东签订增资补充协议对所持股份转让做出补充限制约定。请律师就前述对公司股东所持股份转让做出补充限制约定的合法性及对公司股份公开转让是否构成障碍发表意见。”(奥特美克,430245)

“关于增资协议中员工股份转让限制。”(丰电科技,430211)

(四)整体变更时的纳税问题

在披露反馈意见的公司中有较多的公司被问到了整体变更时以公积金或未分配利润转增股份,自然人股东的纳税情况,可见这个问题较为普遍。对此问题,未交纳个人所得税的股东一般出具承诺:如果将来接到税务部门要求缴纳此次整体变更时的所得税要求或通知,本人将履行税收缴纳义务并承担由此产生的任何可能费用,如果对拟挂牌公司造成任何损失,均由个人承担赔偿责任。如:

“请主办券商核查并说明公司整体变更时自然人股东以盈余公积和未配利润转增股份的纳税情况;如未缴纳,请股东承诺如被追缴将由其个人承担相关责任。请律师和主办券商核查并发表意见。”(华宿电气,430259)

（五）其他

除上述情况外，拟挂牌公司在设立、增减资和转让的过程中还会形成一些特殊的问题，如职工持股会、优先股等（捷虹股份，430295），对这类问题一般都采取措施进行清理，本书不再一一列举。

二、拟挂牌公司的业务情况

对拟挂牌公司业务问题的关注主要是排查是否存在影响拟挂牌公司持续经营的重大障碍，涉及业务资质、客户和供应商、资产权属、竞业禁止、核心技术等多方面问题。

（一）生产经营的合法合规问题

公司合法合规生产经营的前提是取得营业执照以及相关业务资质（如有），并且在报告期内不存在重大违法违规的事项。

1. 开展业务是否办理营业执照

这类问题比较少见，主要存在于拟挂牌公司未取得子公司或分公司营业执照时就进行跨区域经营的情况。如：

“2012 年 11 月 25 日，公司因在未办理营业执照的情况下，擅自从事云母带生产活动，收到霸州市工商行政管理局行政告诫书，公司于 2013 年 2 月取得设立霸州分公司的《营业执照》。请律师对上述事项核查并对公司的生产经营是否合法合规发表明确意见。”（倚天股份，430301）

在该案例中，拟挂牌公司承认了其违规行为，但在规定期限内完成工商备案手续，由律师认定不存在重大违法规行为，因此对挂牌不构成实质性障碍。

2. 公司是否取得相关业务资质

对此类问题的关注主要是为了排查拟挂牌公司从事某项特定业务是否存在法律障碍。如：

“请主办券商补充核查公司的业务是否取得水文、水资源调查资质以及公司已取得北京市水务局的水文、水资源调查资质在全国其他省市开展业务有无障碍。请公司披露相关情况，主办券商和律师就上述事项发表意见。”（奥特美克，430245）

“公司通过互联网采集相关数据的行为是否符合现有法律、法规针对互联网用户个人信息保护的相关规定；未来公司运营是否会受到对互联网用户个人信息保护法律、法规变化的影响。”（随视传媒，430240）

“关于公司是否需要取得工业产品生产许可证、环保、安全生产方面的情况”。（捷虹股份，430295）

“关于公司资质更名事项。”（泽天盛海，430308）

除此之外，系统公司还有对是否有系统集成业务资质（华索科技，430289）、劳务派遣资质（威达宇电，430288）、施工资质（七环电气，430294）、医疗器械 CRO（永铭医学，430306）、高空作业平台生产和销售资质（高曼重工，430270）等进行了问询。

3. 拟挂牌公司是否存在重大违法违规事项

公司在报告期内受到罚款和处罚时，唯一的办法就是论证其不属于重大违法违规行为。

在已经披露的公开信息中，涉及罚款和处罚的情形包括：签发空头支票被中国人民银行营业管理部罚款（威控科技，430292；连能环保，430278），未按规定的期限申报办理税务变更登记被罚款（威控科技，430292），逾期未办理税务登记（维珍创意，430305），因丢失收据和发票被罚款（连能环保，430278；星原丰泰，430233），未及时报税产生滞纳金（连能环保，430278；星原丰泰，430233），未及时缴纳社保保险金产生滞纳金（连能环保，430278），因公司大门不符合消防规定及占用消防车道被消防队罚款（天津宝恒，430299），补缴增值税及滞纳金、补缴城镇土地使用税及滞纳金、补缴企业所得税及滞纳金（保华石化，430302），利用互联网作引人误解的虚假宣传被工商局行政处罚（布雷尔利，430260），上报的统计数据与统计局查证的数据存在差距且聘请、任用未取得统计从业资格证书的统计人员从事统计工作被统计局处罚（和隆优化，430290）等。

系统公司还对一些潜在问题进行了关注，如收取“员工空调押金”是否存在违反劳动法规的情形（连能环保，430278），公司在建工程的合法性（联宇技术，430252；保华石化，430302），公司的环保的合法合规情况（保华石化，430302）等。

（二）经营的持续性和稳定性问题

当拟挂牌公司的主要产品涉及侵犯他人专利时，拟挂牌公司可能会面临经营的持续稳定问题；当拟挂牌公司的商业模式完全依赖于独家授权经营或代理单一客户的产品，也可能会引起系统公司的关注。如：

“公司委托湖北省科技科学技术咨询服务中心对公司报告期内型号为1D、1E（包含1EX1、1EX2）型执法记录仪进行了技术鉴定。请主办券商和律师对该鉴定结果是否具有法律效力、可否为公司未来面对可能发生的技术纠纷提供有效的证据支持发表意见。请主办券商及律师对执法记录仪存在的潜在纠纷以及非执法记录仪产品的未来市场不确定性对公司的持续经营能力发表专业意见。”（华安股份，430279）

“公司业务的持续性和稳定性。”（绿岸股份，430229）

“（1）请公司补充披露Teupen的基本情况并提供报告期内的采购合同，补充披露该合同的基本条款，包括但不限于采购产品内容、采购金额、合同期限、交货方式、代理销售和付款方式，质保和售后条款、事故责任承担机制、保密条款、技术协议等。（2）请公司结合外购产品和业务收入构成情况补充披露公司在业务、技术等方面对Teupen是否存在重大依赖，公司是否具有独立面向市场的能力以及经营能力。”（高曼重工，430270）

当现金流波动较大或资产负债率较高时，也会引起系统公司的关注。如“请主办券商和申报会计师结合公司的经营性现金流状况、资产负债率对公司的持续经营能力发表意见”。（上海致远，430324）

（三）公司客户和供应商信息的披露和真实性问题

新三板十分注重信息披露问题，对公司客户、供应商等信息需要拟挂牌公司如实披露，以供投资者对拟挂牌公司的经营状况进行准确判断。

如果确实涉密,需要提交豁免披露的申请。如:

"公司前五大客户是军方,在《公开转让说明书》中对军方客户的名称未披露,请公司补充说明原因。如申请豁免披露的,请公司按照《公开转让说明书内容与格式指引(试行)》第三条规定提交豁免披露的申请,说明依据;如需取得国家相关部门确认文件,请提供。请主办券商和律师对公司豁免披露申请事宜出具意见。"(锐创信通 430285)

"(1)请公司补充披露 Teupen 的基本情况并提供报告期内的采购合同,补充披露该合同的基本条款,包括但不限于采购产品内容、采购金额、合同期限、交货方式、代理销售和付款方式,质保和售后条款、事故责任承担机制、保密条款、技术协议等。(2)请公司结合外购产品和业务收入构成情况补充披露公司在业务、技术等方面对 Teupen 是否存在重大依赖,公司是否具有独立面向市场的能力以及经营能力。"(高曼重工 430270)

"关于公司与上海盟帮投资发展有限公司'独家代理采购'之'保护公司商业秘密'目的真实性、必要性,及采购代理定价政策、公允性、利润占比情况。"(捷虹股份,430295)

(四)拟挂牌公司生产经营所用资产的问题

拟挂牌公司生产经营所用资产主要分为自有和租赁两大类,新三板对于拟挂牌公司自有资产主要关注其权属是否清晰,或是否存在被控股股东或实际控制人占用的情形;对于拟挂牌公司的租赁资产则重点关注该租赁资产是否会因为权属纠纷而影响拟挂牌公司持续经营。对于收购取得的资产亦是如此。

1. 对公司自有资产的关注

关于对公司自有资产的关注问题有:

"公司 2011 年固定资产项下有两套住宅房产,2012 年出租,转为投资性房地产。(2)请公司补充披露该房屋所在的土地使用权的取得及使用情况,请律师就其取得及使用的合法合规性补充发表意见。"(众联信息,430315)

"公司披露四项土地使用权:(1)成科机电与海森集团签订《国有土

地使用权转让合同》的时间早于海泰集团与天津市规划和国土资源局签订《天津市国有土地使用权出让合同》的时间，请公司和主办券商说明合理性和合法性；(2)请公司和主办券商说明解决土地使用权类型与实际情况不符问题的进展；(3)房地产权证号武昌国用(商2012)第1183号面积为2.91平方米，请公司补充说明具体情况。"(成科机电，430257)

"请公司补充披露使用'北化'作为其商号，是否得到相关授权、是否约定使用费用，公司与授权方是否存在关联关系。请律师对前述事项的合法合规性补充意见。"(新橡科技，430314)

"公司的一项实用新型专利和外观设计专利实为公司财产，但最初登记在代松名下，其中外观设计正在办理过户，但实用新型专利尚处于反担保质押状态，无法完成向公司的过户。另外，公司目前正在申请的专利中仍有三项专利的申请人为代松。请主办券商和律师就上述是否为公司资产被实际控制人、控股股东占用的情形发表意见。"(华安股份，430279)

2. 对公司租赁取得的资产关注

就公司通过租赁方式取得的资产，新三板主要关注租赁资产的权属是否清晰、租赁方对租赁资产是否依法享有处分权，租赁价格是否公允。如：

"公司目前无自有房产，有三处租赁房产：(1)在北京丰台路租赁一处办公用房。(2)租赁霸州市华炎工业炉南面8间厂房，租期为自2013年1月1日起至2013年12月31日止。该厂房未办理房产权属证明，依据霸州市国土资源局出具的《证明》，该处土地使用权属华炎工业炉修造厂所有。律师认为，该租赁合同存在被认定无效的法律风险。公司实际控制人吴海峰已承诺承担因房屋租赁被认定无效给公司造成的损失。公司就此事项在公开转让说明书中做重大事项提示，但信息披露不充分。(3)2012年10月24日，公司与赵春生签署《房屋租赁合同》，约定将位于雄县双堂村西的20间房屋租赁给公司使用，租期10年。律师认为，该厂房权属不清、土地使用用途不明，该租赁合同存在被认定无效的法律风险。但公司未在雄县双堂村西生产。请律师对上述事项核查并发表明确意见。"(倚天股份，430301)

“公司注册地房屋系向北京佳润创业商务有限公司租赁取得，租赁期限至2013年8月12日，租金7000元/年。请公司说明并披露租赁房产的租金价格、定价依据及公允性、即将到期租赁合同的续签情况、是否存在因权属不清而导致的搬迁风险及应对措施、与出租方是否存在关联关系。请主办券商及律师核查并发表意见。”（永铭医学，430306）

“南昌新冠使用的麦园垃圾场土地存在瑕疵，项目合同约定由麦园垃圾场无偿提供场地，但该土地使用权人为南昌市容环境管理局，垃圾场无处分权。合肥新冠的垃圾发电项目合同亦存在瑕疵，该合同由大股东新冠投资集团与垃圾场签署，由合肥新冠公司代替新冠投资集团履行全部权利，合肥新冠并非真正合同权利人。(1)请公司及主办券商对上述事项补充披露；(2)请申报律师对上述事项补充调查并对存在的法律风险发表明确意见。”（新冠亿碳，430275）

“请律师就以下事项发表意见：(1)公司承租土地地上建筑物是否合规，有无潜在风险；(2)管委会出租给公司的土地之部分系他人所有，管委会是否有权将该部分土地出租给公司，有无潜在风险。”（保华石化，430302）

3. 对公司收购取得的资产关注

收购取得的资产也可能存在潜在纠纷，如：

“报告期内，保定东顺收购远东装饰、远东机械、远东纺织、远东集团部分资产项目，包括土地使用权、房屋建筑物、283台机器设备。收购价格以经评估的公允价值为依据，总金额为4373.60万元。请主办券商及律师补充调查取得无发票的资产是否存在潜在纠纷，并结合资产的来源，说明资产的合法性及违法违规情形。请主办券商及律师发表专业意见。请主办券商及律师进一步核查上述房屋建筑物未办理房屋产权证的原因以及对公司的生产经营产生的影响。”（布雷尔利，430260）

（五）关于竞业禁止的问题

竞业禁止是指企业对员工采取的以保护其商业秘密为目的的一种法律措施。一般情况下，通过约定，在劳动关系存续期间或劳动关系结束后的一定时期内，限制并禁止员工在本企业任职期间同时兼职于有业务竞争企业，限制并禁止员工在离职后从事与本企业有竞争关系的业务等。

由于新三板的（拟）挂牌公司目前大部分属于高新技术企业，部分企业家或核心技术人员曾有在相关业务公司的工作经验，因此系统公司对竞业禁止的问题也较为关注。如：

"公司披露公司前7大股东都是从BENTLEY软件（北京）有限公司（以下简称'BENTLEY'）离职后即到公司担任重要职位，现在分别担任公司的董事、监视、高级管理人员或核心技术人员。且曹震、陈劲松分别于2009年、2010年从BENTLEY离职，都在2009年3月作为名义股东设立有限公司；李艳松2009年从BENTLEY离职，2009年3月作为隐名股东设立有限公司，股权由他人代持，2010年担任有限公司董事长、总经理，2012年1月解除代持，成为公司的显名股东。（2）请公司补充披露公司董事、监事、高级管理人员、核心技术人员在原单位任职期间是否违反了法律规定的竞业禁止义务，从原任职单位离职到公司时是否与原任职单位关于竞业禁止的约定和履行情况，是否存在有关上述事项的纠纷或潜在纠纷，是否存在侵犯原任职单位知识产权、商业秘密的纠纷或潜在纠纷。请主办券商、律师对以上事项进行核查并发表明确意见。"（达美盛，430311）

"刘志春于2000年6月至2003年10月任海军工程设计研究局工程师。2003年12月创办有限公司。请主办券商补充核查刘志春与原单位是否存在竞业禁止方面的约定，公司登记的软件著作权，使用的技术是否侵犯原单位权利，是否存在纠纷或潜在纠纷。请律师补充发表意见。"（锐创信通，430285）

（六）其他问题

除上述方面，系统公司还关注了拟挂牌公司是否存在业务重组（天津宝恒，430299），合同中的技术要求是否符合行业标准（和隆优化，430290），临床试验中公司与各参与方的法律关系（永铭医学，430306），产品质量和潜在风险（高曼重工，430270）等问题。

三、会计核算和内部控制问题

由于目前对反馈意见中关于财务问题的归集和整理主要从《补充法律意见书》及少量会计师事务所对反馈意见的回复或专项说明中获知，因此，已经披露的财务问题往往和内部控制联系在一起。事实上，会计核算的可靠性与内控制度的有效性息息相关，拟挂牌企业应对内部控制问题给予高度的重视。

由于会计核算和内部控制问题样本较少，情况各异，解决方法专业性较强，因此本小节仅对出现过的问题进行了分类整理，不再评述。同时，出于行业习惯，将同样涉及会计核算和内部控制的关联交易问题单独拿出与同业竞争问题一并在后文中讨论。

（一）收入和成本的确认原则问题

“关于收入确认。（1）请主办券商、申报会计师说明公司未按照业务分类进行收入确认的原因；（2）请公司详细说明各类产品成本核算的具体内容及其与收入的匹配性，请主办券商、申报会计师核查收入确认原则是否恰当、合规，营业成本的归集是否符合《企业会计准则》的有关规定并发表明确意见；（3）请补充披露公司智能化工程项目按完工百分比确认收入的确认依据及具体情况，请申报会计师补充核查公司内外部证据的取得情况，公司是否建立完善的内部成本核算制度，以完工百分比法结转成本是否与收入确认进度相匹配，并发表明确意见。”（国贸酝领，430583）

“请主办券商及会计师对公司收入确认、成本核算会计政策是否符合《企业会计准则》的有关规定发表意见。”“请主办券商、申报会计师对公司的成本结转、费用归集是否符合《企业会计准则》规定发表意见。”（上海致远，430324）

“请结合公司实际经营情况，对照经济合同详细说明报告期内的技术与软件销售收入的具体确认原则和方法，并详细披露成本核算的具体

内容及其与收入的匹配性。请核查收入确认原则是否恰当、合规，营业成本的归集是否符合配比原则。”（神州云动，430262）

（二）交易的真实性问题

“东吴证券为公司报告期主要客户，2012 年、2013 年 1—8 月销售占比分别为 30.08%、23.57%，合计金额 4867.29 万元。（1）详细披露公司与东吴证券销售合同内容，报告期各期对其收入、成本及利润，请主办券商、律师、会计师核查销售真实性、销售作价是否公允，是否涉及利益交换，发表明确意见。”（国贸酝领，430583）

“关于公司 2011 年、2012 年支出的信息咨询费的具体内容、交易的真实性和合理性、内部控制制度的有效性、生产经营的合法性。”（神州云动，430262）

（三）其他应收款、其他应付款和应收账款的问题

1. 其他应收款

“2011 年、2012 年其他应收款分别为 1664.39 万元、18.86 万元。请公司补充披露其他应收款前五大名称金额、性质、账龄，补充说明报告期内关联方资金拆解的具体原因及其必要性、履行的程序及其合规性，资金拆解的清偿情况，是否约定利息，公司内控制度的有效性和执行情况。请主办券商、律师核查报告期内资金借贷是否符合相关法律法规的要求并发表明确意见。”（永铭医学，430306）

2. 其他应付款

“公开转让说明书披露公司在 2011 年向天津光电高瑞电子有限公司借款形成其他应付款 180 万元，天津光电高瑞电子有限公司在 2012 年注销，公司已经将此其他应付款项归还。请公司说明并补充披露：（1）报告期与关联方资金往来的余额、发生额；（2）上述资金是否支付资金占用费、是否存在利益输送的情形；（3）公司内部资金控制制度有效性。请主办券商、律师核查并发表明确意见。”（光电高斯，430251）

“（1）请公司补充披露崇阳博曼注销前的经营情况并提供注销证明

文件。(2)请公司补充披露2010年底对崇阳博曼512.56万元其他应付款的背景和原因。”(高曼重工,430270)

3. 应收账款

“期末应收账款占同期营业收入比例较大且增长较快,坏账准备计提政策较宽松。请公司补充披露制定坏账准备计提政策的理由和依据。请主办券商和申报会计师结合同行业公司坏账准备计提情况及公司应收账款的可收回情况、账龄的实际情况,分析坏账准备计提的谨慎性和充分性并发表明确意见。”(国贸酝领,430583)

(四)与股东和员工的款项往来问题

“公司披露,报告期公司存在为关联方垫付款、出借资金、为员工借款等情形。(1)截至2012年12月31日,公司应收上海并明网络信息有限公司24.18万元为替关联方垫付的款项。请公司补充披露所签署《借款协议》的主要内容,借款金额以及并明网络归还借款的情况。(2)截至2011年12月31日,公司应收控股股东借款90万元,应收员工暂支款40.89万元,应收股东精裕创投1.5万元。请公司补充披露上述借款发生的时间、全部借款金额,资金用途,履行的公司审批程序。(3)请主办券商、律师补充核查报告期公司股东及关联方占用以及变相占用公司资金情况以及公司是否存在应披露未披露关联方交易情形,核查公司资金管理制度以及关联交易制度能否有效运行,公司为防范股东及其他关联方占用资金所采取的措施。请主办券商和律师就公司规范治理情况发表意见。(4)请公司补充披露上诉内容。”(新网程,430269)

“关于公司向股东出借资金问题。”(威控科技,430292)

“请主办券商、律师核实公司与员工借款协议的真实性,公司是否存在名债券、实股权的情形;就借款协议是否发生过纠纷、未来是否存在潜在纠纷发表明确意见。”(重钢机械,430274)

(五)费用确认与核算问题

“请主办券商和会计师对公司报告期内是否存在跨期确认费用现象

发表意见。”（上海致远，430324）

“公开转让说明书披露‘2012 年度管理费用较 2011 年增加了 150 万，增幅达到 200% 以上，主要原因系销售业务规模扩大、研发费用与房租费用增加’。请公司补充披露如下问题：（1）研发情况，包括研发机构设置、研发人员构成、报告期内研发投入金额及其占营业收入比例。请主办券商核查并发表意见。”（维珍创意，430305）

（六）内控制度是否规范的问题

“请主办券商和申报会计师核查并说明公司大额、跨期预支备用金的合理性，并结合备用金的提取和报销流程对公司是否具备规范的资金管理和内控制度发表意见。”（上海致远，430324）

四、关注同业竞争和关联交易

六项挂牌条件中并未要求拟挂牌公司解决同业竞争和关联交易问题，但《全国中小企业股份转让系统主办券商尽职调查工作指引（试行）》第二十条却提出要主办券商：“调查公司与控股股东、实际控制人及其控制的其他企业是否存在同业竞争。对存在同业竞争的，要求公司就其合理性作出解释，并调查公司为避免同业竞争采取的措施以及作出的承诺”；第四十七条：“调查公司的关联方、关联方关系及关联方交易，说明相应的决策权限、决策程序、定价机制等情况，并根据交易的性质和频率，分别评价经常性和偶发性关联交易对公司财务状况和经营成果的影响。”因此，同业竞争与关联交易仍是挂牌新三板需要关注的重点问题。

（一）同业竞争的问题

披露《补充法律意见书》的挂牌公司中，有将近 1/4 的公司被问到了同业竞争的问题。对同业竞争问题的回答，一般先从业务的范围、性质、市场等方面论证说明拟挂牌公司不存在同业竞争问题。如果确实存在，则控股股东、实际控制人通常对经营相同相似业务的公司采取停止经营、变更经营范围、转让、注销或并入拟挂牌公司等方式进行解决，同时控股股东、实际控制人还需出具《关于避免同业竞争的承诺函》。如：

“关于无锡威控与公司的业务相同问题。”（威控科技，430292）

“报告期内，股份公司与实际控制人持有权益的北京嘉源易润工程技术股份有限公司存在同业竞争，核查同业竞争解决的最近进展。”（环宇畜牧，430287）

“请公司说明科胜石油的现有业务、客户、收入情况。请主办券商和律师就控股股东、实际控制人为避免博达技术、科胜石油与公司同业竞争所采取的措施和承诺是否有效发表意见。”（科胜石油，430284）

“夏曙光还独自投资 5 万欧元在德国设立了 Fachman International GmbH 公司……请主办券商和律师核查同业竞争解决情况，请公司补充披露。”（高曼重工，430270）

（二）关联交易的问题

关联交易问题则主要是关注关联交易的定价是否公允，是否存在利益输送或者损害拟挂牌公司的利益，相关的决策审批程序是否符合公司制度。拟挂牌公司在有限公司阶段，可能没有关联交易的相关制度，因此无法履行相应的审批程序，这时需要说明关联交易的价格确定是否公平、公允，是否损害拟挂牌公司及中小股东的利益；在股份公司阶段，应制定《关联交易管理制度》并在《公司章程》中对关联交易的认定、定价以及审批程序进行约定。

“公司通过自主生产或委托加工相结合的方式完成生产，请核实公司与上述委托加工企业是否存在关联关系。郑州凯力为报告期前五大供应商，2011 年、2012 年采购商品和委托加工金额分别为 343.81 万元、315.13 万元，技术服务金额分别为 157 万元、175 万元；股东、副总经理闫海涛 2010 年 7 月至今担任郑州凯力法定代表人、总经理，副总经理施建明 2011 年 3 月至 2012 年 11 月任郑州凯力副总经理。公司于 2012 年 6 月通过非同一控制下合并将郑州凯力纳为公司全资子公司。报告期内关联交易价格是否公允，决策程序是否完备。”（华索科技，430289）

“核查股份公司报告期内关联交易价格是否公允，是否履行了公司章程及关联交易制度规定的审批程序。”（环宇畜牧，430287）

“武汉特鹏机械设备有限公司（以下简称‘特鹏机械’）为夏曙光之弟夏升光控股的公司……请公司补充披露特鹏机械股权受让方的具体情况，公司目前与特鹏机械之间是否仍存在业务往来及其具体情况。请公司补充披露与特鹏机械报告期内关联交易的具体内容、关联交易的原因、占同类型交易的比重、关联交易的价格及定价依据。”（高曼重工，430270）

五、关于拟挂牌公司的公司治理问题

对公司治理问题的关注主要集中在股东大会、董事会、监事会、高级管理层（简称“三会一层”）的建立健全及运行情况，相关机构和人员的适格性及履行职责情况，目的就是确保拟挂牌公司的治理结构能够为其所有股东提供合适的保护。

（一）股东及三会一层人员的适格性问题

当一些较为特殊的投资主体如事业单位、公务员成为拟挂牌公司股东时，或高级管理人员在其他公司兼职时，将会产生股东适格性的问题。

对特殊投资主体的适格性问题的解释，主要在于说明其不属于相关法律法规所禁止担任股东的身份。其他人员的适格性问题则主要以 IPO 的要求为参照依据来解决：“总经理、副总经理、财务负责人和董事会秘书等高级管理人员不得在控股股东、实际控制人及其控制的其他企业中担任除董事、监事以外的其他职务，不得在控股股东、实际控制人及其控制的其他企业领薪；发行人的财务人员不得在控股股东、实际控制人及其控制的其他企业中兼职。”如：

“公司第二大股东中国医学科学院生物医学工程研究所作为股东税务适格性问题。公司股东、总经理王延群同时担任中国医学科学院生物医学工程研究所研究室主任的适格性问题。”（迈达科技，430220）

"公司披露股东秦丹红2003年至今先后担任有限公司监事、股份公司董事。同时,秦丹红2003年至2012年任上海青浦区市容环境卫生管理所会计,2012年至今任上海市青浦区城市网络化管理受理监督中心会计。请公司补充披露秦丹红是否为公职人员,她向公司出资、在公司任职是否违反《公务员法》等相关法律法规和上海青浦区市容环境卫生管理所、上海市青浦区城市网络化管理受理监督中心的规定。请主办券商、律师对以上事项进行核查。"(东岩股份,430286)

"公司董事长兼总经理杨立德同时在其控股的武汉元龙汉青商贸有限公司担任执行董事和总经理,请主办券商和律师补充核查公司的董事、监事、高级管理人员兼职情况是否违反有关规定,并请公司予以披露。"(新冠亿碳,430275)

"请律师对公司监事主席傅源(系董事长傅正美之子)能否有效履行职责,能否对公司董事会、高管层有效监督,是否符合公司治理要求发表意见。"(保华石化,430302)

(二)公司章程及相关制度的齐备性和合法性问题

《非公办法》出台后,配套出台的《非上市公众公司监管第3号——章程必备条款》对拟挂牌公司的章程提出了新的要求,值得拟挂牌公司注意。另外,公司章程中的约定如果存在损害股东利益的潜在风险也会引起系统公司的质疑。如:

"请公司说明公司章程条款内容是否符合《非上市公众公司监管第3号——章程必备条款》的规定。请主办券商和律师根据《公司法》《非上市公众公司监管第3号——章程必备条款》就公司章程的齐备性和合规性发表意见。"(科胜石油,430284)

"请主办券商补充调查公司章程条款内容是否符合《非上市公众公司监管第3号——章程必备条款》规定。请律师根据《公司法》《非上市公众公司监管第3号——章程必备条款》对就公司章程的齐备性和合规性发表意见。"(成科机电,430257)

"请律师对《公司章程》第一百五十八条、一百六十一条的合法合规

性、是否损害股东利益补充发表意见。”（众联信息，430315）

“公司无控股股东，公司章程第三十七、三十八条及《关于防止控股股东或实际控制人及其关联方占用公司资金的管理制度》的表述未切合公司实际情况，且《公司章程》中使用了‘大股东’的表示，但并未对‘大股东’释义。请律师对前述事项予以核实，必要时请公司修改相关内容。”（天津宝恒，430299）

系统公司还对股东大会委托表决（奥特美克，430245）和股东大会决议代签（重钢机械，430274）等问题进行了问询。

第三章 Chapter 3

速度！ 按需融资的制度创新

在与企业家接触过程中，笔者发现一些企业家对新三板的融资功能一直存在误解，认为新三板不具备融资功能。新三板不能够进行公开发行股份募集资金，但并不代表新三板不能够融资，更不能代表新三板的融资功能不够强大。

第一节
新三板定向融资功能得到强化

2006 年 10 月 25 日，在新三板挂牌的中科软科技股份有限公司（430002）和北京时代科技股份有限公司（430003）公布了定向增资公告，正式叩开了新三板定向融资的大门。2006 年年底，北京时代完成定向增资，以 12.68 倍的市盈率发行 1250 万股，募集 5000 万元人民币，成为新三板成立以来首个也是 2006 年唯一进行定向增资的公司[①]。在这次增资中，成都创业投资管理有限公司和上海天晟投资管理有限公司出现在认购者名单中，两家创投公司增资后分别持有北京时代 4.51% 和 2.25% 的股份。

此后，新三板的融资家数和规模逐年增长，2007—2013 年，新三板共发生定向融资 111 起，其中仅 2013 年就进行了 61 次融资，融资总额达 10.34 亿元，融资市盈率已经稳定在 20 倍左右。可见，在监管机构的制度创新下，新三板的定向融资日趋活跃，得到越来越多投资者的青睐。

---

① 北京时代成为新三板首家进行定向增资的公司后，又在 2009 年和 2010 年进行了两次定向增发，分别以 10.38 和 13 倍的市盈率募集 2454.3 万元和 6000 万元，成为再融资次数最多的新三板挂牌公司。联飞翔、现代农装、中海阳和首都在线等四家挂牌公司也均完成第三次再融资。

2012 制定,定于 2013 年 12 月 26 日修订的《非公办法》在非上市公众公司定向发行和小额融资制度方面做了进一步创新和放松。具体而言,与传统规则相比,挂牌公司定向增资的人员数量及身份得以进一步拓宽,在挂牌的同时即可定向发行,定向增资亦可一次核准、分期发行,符合条件的还可豁免向证监会申请核准。

一、挂牌的同时可以进行定向发行

《业务规则(试行)》4.3.5:"申请挂牌公司申请股票在全国股份转让系统挂牌的同时定向发行的,应在公开转让说明书中披露",明确了企业在新三板挂牌的同时可以进行定向融资。

与主板、创业板的首次公开发行新股并上市(IPO)相比,新三板挂牌同时进行定向融资方式可以理解为"非上市公众公司首次非公开发行新股并公开转让",其最大的区别就在于:IPO 的发行方式是为公开发行,必须按照法定的程序,向一定数量的投资者询价,发行环节对认购者的数量和资格没有限制①(创业板对投资者资格有一定要求),监管机构出于对中小投资者的保护,可能会阶段性地限制发行市盈率。而新三板定向增资,则主要通过与合格的投资者协商定价的方式发行,亦可询价发行,除了在投资者的身份和数量上有所限制外,其他的要求和约束较少。

允许挂牌企业在挂牌时进行定向股权融资,凸显了新三板的融资功能,缩小了与主板、创业板融资功能的差距;同时,由于增加了挂牌时的股份供给,可以解决未来做市商库存股份来源问题;有利于形成初始市场价格,完善价格形成机制。截至 2013 年末,已经有蓝天环保(430263)、晟矽微电(430276)、辰光医疗(430300)、博易股份(430310)等 8 家公司在挂牌的同时即进行定向增资。此外,在 2014 年 1 月 24 日集中挂牌的企业中,又有 11 家在挂牌的同时实施了定向发行。

挂牌的同时可进行定向发行,并不是一个强制要求。这相对于上市

① 在最新的《中国证监会关于进一步推进新股发行体制改革的意见》中要求网下配售的新股中至少 40% 应优先向公募证券投资基金和由社保基金投资管理人管理的社会保障基金配售。

时“公开发行的股份达到公司股份总数的百分之二十五以上；公司股本总额超过人民币四亿元的，公开发行股份的比例为百分之十以上”的法定要求，拟挂牌公司可以更为灵活地根据自身对资金的需求来决定是否进行股权融资，避免了股份大比例稀释的情况出现。

案例链接 蓝天瑞德：新三板首家在挂牌的同时进行定向发行的公司

蓝天瑞德（北京蓝天瑞德环保技术股份有限公司），股票代码430263，于2013年7月22日挂牌。蓝天瑞德申请挂牌同时申请定向发行。

作为新三板第一家在挂牌的同时进行定向发行的公司（还同时进行中小企业私募债的发行[①]），其发行方式和结构值得仔细研究。

蓝天瑞德本次定向发行数量为7314300.00股，发行价格：1.40元/股。

1. 发行对象、认购股份数量及认购方式

序号	股东姓名	认购数量（股）	认购金额（元）	股东性质	认购方式	持股方式
1	北京未名雅集投资管理中心	3570000.00	4998000.00	有限合伙企业	现金	直接持有
2	杨岩	2140000.00	2966000.00	自然人	现金	直接持有
3	杨华峰	1420000.00	1988000.00	自然人	现金	直接持有
4	李增祥	100000.00	140000.00	自然人	现金	直接持有
5	潘诚	84300.00	118020.00	自然人	现金	直接持有
合计		7314300.00	10240020.00			

发行对象为1名机构投资者和4名自然人，发行完成后公司股东人数为8名，未名雅集及企业有限合伙人与北京蓝天瑞德环保技术股份有限公司及公司主要股东之间不存在关联关系。上述自然人中，潘诚与公司实际控制人潘忠系兄弟关系；李增祥现任公司董事、副总经理及董事会

① 关于中小企业私募债的知识请参见本章第四节。

秘书;杨岩、杨华锋与公司及公司股东之间不存在关联关系。

2. 参与定向发行的对象不受《投资者适当性管理细则》的限制

《全国中小企业股份转让系统投资者适当性管理细则(试行)》(以下简称"《投资者适当性管理细则》")第七条规定:"公司挂牌前的股东、通过定向发行持有公司股份的股东、本细则发布前已经参与挂牌公司股票买卖的投资者等,如不符合参与挂牌公司股票公开转让条件,只能买卖其持有或曾持有的挂牌公司股票。本细则发布前已经参与挂牌公司股票买卖的机构投资者不受前款限制。"

根据上述规定,挂牌前通过定向发行持有公司股份的股东可以不符合《投资者适当性管理细则》中有关参与挂牌公司股票公开转让条件的规定,但只能买卖其持有或曾持有的挂牌公司股票。

综上所述,蓝天瑞德此次挂牌并定向发行的认购人符合《投资者适当性管理细则》的相关规定。

3. 定向发行价格的确定方式

根据蓝天瑞德的经审计财务报表、可比上市公司相关资料等,以现金流量折现法为基础,其中后续期(企业规模达到一定水平)的企业价值采用市场法对企业进行估值,进而确定发行价格。增资价格为每股人民币1.4元。

本次定向发行的定价基准日为2012年12月31日,公司2012年度经审计的归属于公司股东的净利润为13363487.04元,本次定向发行完成后,摊薄的每股收益为0.18元,摊薄的静态市盈率为7.78倍。

本次定向发行价格综合考虑公司所处行业、成长性、每股净资产和市盈率等多种因素,并与投资者商议后最终确定。

4. 定向发行股份的锁定方式

本次定向发行的新增股份将在中国证券登记结算有限公司深圳分公司登记。公司董事、监事、高级管理人员、控股股东及实际控制人所持新增股份将按照《公司法》《业务规则》及其他相关规定进行转让,其余新增股份可以一次性进入全国中小企业股份转让系统进行股份转让。

5. 定向发行股份仍需给予在册股东优先认购权

本次定向发行在册股东享有优先认购权，由于公司在册股东均签署承诺放弃优先认购此次定向发行股份的权利，故本次定向发行100%股份由新增自然人投资者和机构投资者认购。

二、定向增发的人员数量及身份的放松

根据《全国中小企业股份转让系统投资者适当性管理细则（试行）》，《非公办法》第三十九条规定的投资者和符合参与挂牌公司股票公开转让条件的投资者，可以参与挂牌公司股票定向发行。[①]

《非公办法》第三十九条规定："本办法所称定向发行包括向特定对象发行股票导致股东累计超过200人，以及股东人数超过200人的公众公司向特定对象发行股票两种情形。

"前款所称特定对象的范围包括下列机构或者自然人：

"（一）公司股东；

"（二）公司的董事、监事、高级管理人员、核心员工；

"（三）符合投资者适当性管理规定的自然人投资者、法人投资者及其他经济组织。

"公司确定发行对象时，符合本条第二款第（二）项、第（三）项规定的投资者合计不得超过35名。

"核心员工的认定，应当由公司董事会提名，并向全体员工公示和征求意见，由监事会发表明确意见后，经股东大会审议批准。

"投资者适当性管理规定由中国证监会另行制定。"

这一规定调整了发行对象范围和人数限制：首先，公司在册股东参与定向发行的认购时，不占用35名认购投资者数量的名额，相当于扩大了认购对象的数量；其次，将董事、监事、高级管理人员、核心员工单独列示为一类特定对象，暗含着鼓励挂牌公司的董、监、高及核心人员持股，将董、监、高及核心人员的利益和股东利益绑定，降低道德风险；再次，将核

① 关于符合参与挂牌公司股票公开转让条件的投资者请见本书第五章第一节的内容。

心员工纳入定向增资的人员范围，明确了核心员工的认定方法，使得原本可能不符合投资者适当性管理规定的核心员工也有了渠道和方法成为公司的股东，且增资价格协商确定，有利于企业灵活进行股权激励，形成完善的公司治理机制和稳定的核心业务团队。最后，突破性地将合格的个人投资者纳入定向增发和交易的范围之内，有利于市场交易的活跃程度。必须提请注意的是，在新三板的定向增资中，要求按照原持股比例给予在册股东一定的优先认购权。在册股东可放弃该优先认购权。

知识链接

合格境外机构投资者可参与定向增发

根据系统公司《常见问题解答(第三期)》：

全国股份转让系统是经国务院批准设立的全国性的证券交易场所，所有符合《合格境外机构投资者境内证券投资管理办法》和《人民币合格境外机构投资者境内证券投资试点办法》规定的合格境外机构投资者(QFII)和人民币合格境外机构投资者(RQFII)均可参与。外资股东办理证券账户应遵照中国证券登记结算有限责任公司《关于外国战略投资者开立A股证券账户等有关问题的通知》。

案例链接　核心员工参与定向发行认购的案例

《北京中航讯科技股份有限公司2013年定向发行方案》中披露的定向增资：

(1)发行数量及金额：不超过250万股(含250万股)，融资额不超过500万元(含500万元)。

(2)发行价格及定价依据：

发行价格为每股人民币2元。公司2012年度经审计的净利润为3855798.12元。本次定向发行价格综合考虑了公司所处行业、公司成长性、市盈率及公司股份在原代办股份转让系统交易价格等多种因素，并与投资者沟通后最终确定的。

(3)本次定向发行在册股东优先认购，在册股东承诺于本次定向发行完成前不进行股份转让。本次定向发行拟向全体股东增发不超过200万股(含200万股)。拟向公司核心员工增发不超过50万股(含50万股)。拟增发的股份由倪军、李英和、张慧、李昂、蓝世勇、李发跃、宋天来、北京盛世祥云科技有限公司等8名原股东及兰宁、郭婉霞2名核心员工认购。

(4)本次定向发行新增认购人基本情况、与公司及主要股东的关联关系:兰宁，中国国籍，1974年11月出生，公司销售经理；郭婉霞，中国国籍，1947年1月出生，公司高级顾问。上述新增自然人股东与公司其他股东之间无关联关系。

《关于提名兰宁，郭婉霞2人为公司核心员工并参与本次定向发行的议案》经董事会表决通过后，须向全体员工公示和征求意见，公示期为2个工作日。公示期后公司将召开监事会就兰宁、郭婉霞2人核心员工的认定发表意见。

(5)本次募集资金将全部用于公司流动资金。

案例链接 设立员工持股计划持股平台参与定向发行认购的案例

《北京首都在线科技股份有限公司定向增资方案》的要点如下:

(1)公司以非公开定向增资的方式拟增资不超过49.44万股(含49.44万股)有限售条件的人民币普通股。

(2)增资价格为1.2元/股。本次定向增资的定价基准日为2012年12月31日，公司2012年度经审计的归属于公司股东的净利润为15027636.79元，归属于公司股东的净资产为40353495.26元。

本次定向增资价格以2012年经审计的净资产并按照分红送股调整后的净资产确定。

(3)本次定向增资所有在册股东放弃优先认购,并出具了放弃认购承诺函。本次定向增资员工所认购股票通过梅州云拓投资管理合伙企业(暂定名,最终以工商核准为准)认购。

梅州云拓投资管理合伙企业中持有公司股票的核心员工认定已经公司第二届董事会第三次会议审议通过,并向全体员工公示及征求意见,尚需公司2013年第二次临时股东大会审议通过。

(4)本次定向增资认购人:梅州云拓投资管理合伙企业,认缴出资额500万元,梅州云拓投资管理合伙企业是公司员工持股计划的持股平台,梅州云拓投资管理合伙企业投资仅限于员工持有首都在线股票。曲宁为梅州云拓投资管理合伙企业普通合伙人。同时,曲宁是北京首都在线科技股份有限公司大股东。梅州云拓投资管理合伙企业是首都在线的关联方。

(5)新增股份自股份登记之日起12个月内不得转让,锁定期满后,梅州云拓投资管理合伙企业持有首都在线的股票按照控股股东及实际控制人所持新增股票所遵循的《中华人民共和国公司法》《北京首都在线科技股份有限公司员工持股计划》及其他相关规定进行转让。

(6)《北京首都在线科技股份有限公司员工持股计划》:员工持股计划持续5年,公司员工通过宁波梅州保税港区云拓投资管理合伙企业(有限合伙)间接持有公司股份。

实施员工持股计划的业绩条件:①公司最近一个会计年度财务会计报告未被注册会计师出具否定意见或者无法表示意见的审计报告;②公司当年收入较前一年度增长大于或等于30%;③公司当年归属于母公司股东的净利润较前一年度增长大于或等于30%;④公司当年股东权益报酬率大于或等于20%。

实施员工持股计划的股票来源和数量:①本计划的股票来源为北京首都在线科技股份有限公司向持股对象定向发行的北京首都在线科技股份有限公司股票;②本计划每年实施定向增发的股票总额不超过上年末股票总数的2%(公司因标的股票分配送转股则除权调整计算)。

员工持股计划退出:持股对象在持有限制性股票两年内离职,持股对象所持限制性股票由大股东在合伙企业内原价回购；持股对象在持有限制性股票两年后离职，持股对象所持限制性股票在合伙企业内由大股东回购，回购价格为经审计的公司当期期初每股净资产价格。

大股东回购股票处理：大股东所回购股票必须用于公司未来一期持股计划。如未来三年未执行持股计划，由公司向大股东回购股票并注销。

知识链接

挂牌公司开展股权激励的要求

根据系统公司《常见问题解答（第三期）》：

挂牌公司可以通过定向发行向公司员工进行股权激励。挂牌公司的董事、监事、高级管理人员和核心员工可以参与认购本公司定向发行的股票，也可以转让所持有的本公司股票。挂牌公司向特定对象发行股票，股东人数累计可以超过200人，但每次定向发行除公司股东之外的其他投资者合计不得超过35人。因此，挂牌公司通过定向发行进行股权激励应当符合上述规定。需要说明的是，按照规则，全国股份转让系统允许存在股权激励未行权完毕的公司申请挂牌。

三、对定向增资无限售期要求

最新的业务规则中不再对新三板增资后的新增股份限售期进行规定。这意味着在新三板参与定向增资的投资者，可与挂牌公司协商确认新增股份的锁定期问题。如果能够达成一致意见，投资者所获得的新增股份可在完成定向增发后，随时进入市场流通。这将大大激发机构投资者参与定向增资认购的积极性。

实际操作中，公司董事、监事、高级管理人员所持新增股份应按照《公司法》第一百四十二条的规定进行限售：公司董事、监事、高级管理人员应当向公司申报所持有的本公司的股份及其变动情况，在任职期间每年转让的股份不得超过其所持有本公司股份总数的百分之二十五；所持本公司股份自公司股票上市交易之日起一年内不得转让。上述人员离职后半年内，不得转让其所持有的本公司股份。

新三板定向发行无限售期要求的制度与主板、创业板的定向增发锁定期制度有着极大的区别。参与主板和创业板定向增发的投资者，其认购的股份锁定期不得低于12个月；如果是参与认购的是控股股东或实际控制人，则认购股份的锁定期不得低于36个月。

案例链接　无限售条件的定向增发案例

《北方跃龙科技（北京）股份有限公司定向增资方案》(2013)中明确：本次定向增资的新增股份登记在中国证券登记结算有限公司深圳分公司。新增股份为无限售条件的人民币普通股。

案例链接　有限售条件的定向增发案例

《天津舜能润滑科技股份有限公司定向增资方案》(2013)中提到：本次定向增资的新增股份登记在中国证券登记结算有限公司深圳分公司。新增股份为有限售条件的人民币普通股。本次增资股东天津舜能投资有限公司及大元投资集团有限公司承诺，自完成工商变更登记之日起的12个月内，不进行转让，也不由发行人回购该等股份。

四、豁免申请核准与储架发行

新三板定向增发的豁免申请核准制度与储架发行制度是重要创新亮点。

在新三板挂牌的企业大都是科技型企业，具有资产轻、成长快、变化大的特点，其对融资的需求也比较特殊：一是融资额度需求较小，中小企业的投资项目不需要一次性投入巨额资金，可以分阶段、滚动式满足；二是时间要求快，科技型企业项目的研发、投产周期较短，需要资金快速到位、及时跟进。豁免申请核准制度和储架发行制度非常好地贴合了中小企业融资需求特点。

（一）新三板定向增资的可豁免申请核准情况

《非众办法》第四十五条规定："在全国中小企业股份转让系统挂牌公开转让股票的公众公司向特定对象发行股票后股东累计不超过200人的，豁免向中国证监会申请核准，由全国中小企业股份转让系统自律管理，但发行对象应当符合本办法第三十九条的规定。"

在豁免申请核准的情形下，挂牌公司先发行再进行备案。

案例链接　《定向发行情况报告书》中关于符合豁免申请核准定向发行情形的说明

速原中天（北京速原中天科技股份公司），证券代码430123，2013年7月25日披露《定向发行情况报告书》。

一、挂牌公司符合豁免申请核准定向发行情形的说明

根据《非上市公司监督管理办法》第四十二条的规定："公众公司向特定对象发行股票后股东累计不超过200人的，或者公众公司在12个月内发行股票累计融资额低于公司净资产的20%的，豁免向中国证监会申请核准，但发行对象应当符合本办法第三十六条的规定，并在每次发行后

5个工作日内将发行情况报中国证监会备案。”

本公司本次增资方式为非公开定向增资;本次发行股票后股东累计为29人,未超过200人;本次发行认购的对象为公司股东和符合投资者适当性管理规定的法人投资者。

因此本次定向增资符合《非上市公司监督管理办法》中豁免申请核准定向发行的条件,公司将按照《非上市公司监督管理办法》《全国中小企业股份转让系统业务规则(试行)》中的有关规定,在定向发行完成后向相关部门进行备案、登记及挂牌手续。

目前绝大部分新三板挂牌公司的股东人数离200人还有较大差距,即这些公司在突破200人之前的所有定向增发都不需要向中国证监会申请核准,只需在定向发行完后,及时备案即可。这种便捷的发行通道让挂牌公司基本可以实现定向融资的“随用随发”。于是,有六合伟业(430212)、思创银联(430152)等公司在一年之内连续融资,彰显出新三板融资强大的灵活性。

案例链接 为规避发行对象不超过35人连续三次增发的案例

扬讯科技(上海扬讯计算机科技股份有限公司),证券代码430307。

2013年12月2日,扬讯科技发布预案,拟以4元/股的价格定向发行不超过41100股,融资额不超过164400元。发行对象均为公司核心员工,合计35名自然人。

2013年12月3日,扬讯科技发布预案,拟以4元/股的价格定向发行不超过51500股,融资额不超过206000元。发行对象为公司董事1名、监事2名,高级管理人员1名,核心员工31名,合计35名自然人。

2013年12月4日,扬讯科技发布预案,拟以4元/股的价格定向发行不超过34700股,融资额不超过138800元。发行对象均为公司核心员工,合计35名自然人。

随后，扬讯科技分别于2013年12月17日、12月18日、12月19日召开了三次临时股东大会审议通过上述事项。

（二）新三板储架发行制度介绍

储架发行制度主要适用于，定向增资需要经中国证监会核准的情形，可以减少行政审批次数，提高融资效率，赋予挂牌公司更大的自主发行融资权利。

《非公办法》第四十四条规定："公司申请定向发行股票，可申请一次核准，分期发行。自中国证监会予以核准之日起，公司应当在3个月内首期发行，剩余数量应当在12个月内发行完毕。超过核准文件限定的有效期未发行的，须重新经中国证监会核准后方可发行。首期发行数量应当不少于总发行数量的50%，剩余各期发行的数量由公司自行确定，每期发行后5个工作日内将发行情况报中国证监会备案。"

储架发行制度可在一次核准的情况下为挂牌公司一年内的融资留出空间。例如，挂牌公司在与投资者商定好500万元的增资额度时，可申请1000万元的发行额度，先完成500万元的发行，后续500万元的额度可与投资者根据实际经营情况再行商议发行或者不发行，并可重新商议增发价格。该制度除了能为挂牌公司节约大量的时间和成本外，亦可避免挂牌公司一次融资额度过大，造成股权过度稀释或资金使用效率低下。

知识链接

储架发行制度简介

储架发行制度，即一次核准，多次发行的再融资制度。储架发行制度源于美国，是一项关于公众公司再融资行为的特殊流程规定，随着市场的发展而不断完善，已被越来越多的国家和地区采用。相对于传统证券发行一事一审的监管模式而言，储架发行是对一揽子项目进行事前、事中、事后的持续监管模式。

目前，美国、英国、加拿大、日本、法国、西班牙、比利时等发达国家，马来西亚等发展中国家都在施行“储架注册”。在美国，具备一定资格的发行人提交的《储架注册说明书》经美国证监会审核并宣布生效后，发行人即被允许通过建立“储架”，在三年内连续多次发行证券。其间发行人还可以随时注册新的三年期“储架”。由此看出，与传统发行机制比较，这种发行机制不是每次发行都要重新注册，因此该机制可以简化注册程序，提高融资灵活性，降低融资成本，提升市场效率。

第二节
新三板定向融资统计与分析

截至 2013 年末，新三板共有 98 家挂牌公司实施了 111 次定向融资，其中 80% 以上的融资发生在 2011 年后，新三板的融资功能和价值发现功能正在逐渐释放。

一、挂牌公司定向融资总体情况

2006—2010 年，新三板市场还处于培育发展阶段，挂牌企业数量较少，也没有明确的定向增资细则，5 年间，仅有 16 起再融资，平均融资规模和融资市盈率均不稳定。

2011 年，新三板挂牌公司融资情况开始改观，当年融资事件首度达到 10 起，平均募集资金规模接近 6500 万元，平均市盈率达 21.33 倍，其中，中海阳（430065）以超过 20 倍的市盈率募集 2.12 亿元，创下当时新三板市场定向增发单笔融资金额纪录。2014 年 1 月，现代农装定向发行 4000 万股，共募集资金 3.24 亿元，刷新这一纪录。

表 3-1 2006—2013 年新三板挂牌公司定向融资概况

年份	累计挂牌家数	当年融资起数	平均增发股份（万股）	平均募集资金（万元）	平均市盈率
2006	10	1	1250.0	5000.0	12.68
2007	24	2	1645.8	3437.5	24.37
2008	41	5	1124.0	4912.9	14.69
2009	59	1	606.0	2454.3	10.38
2010	74	7	695.2	3876.6	18.66
2011	97	10	800.7	6481.8	21.84
2012	200	24	801.4	3560.7	20.74
2013	356	61	479.9	1694.9	18.64

注：在计算平均市盈率时，剔除负值和大于 100 的值。

2012 年，随着新挂牌公司的不断增加，当年定向融资达 24 起，平均融资规模近 3600 万元，平均增资市盈率为 20.72 倍。2013 年，共完成了 61 起定向增资，平均融资规模约 1700 万元，平均增资市盈率为 18.64 倍。这一组组数据为新三板的融资功能进行了极好的正名。

二、新三板挂牌企业定向增发特点

对上述数据进一步挖掘，可以探寻出新三板定向增资更多的规律。

（一）实施定向增资的公司的经营情况高于平均水平

2012 年和 2013 年实施定向增资的挂牌公司的资产、收入、利润以及盈利规模等指标均值，要明显高于同期新三板挂牌公司的整体平均水平，说明投资者更加青睐业绩较好的挂牌公司。

1. 2012 年定向增资的挂牌公司的经营情况

在 2012 年实施定向增资的挂牌公司中，2011 年的营业收入最低为 1104.3 万元，2011 年的净利润最低为 745.9 万元，最低净利润水平与新三板所有挂牌公司 2011 年净利润整体平均水平相当；实施定向增资的公司的整体平均营业收入高出新三板所有挂牌公司 2011 年营业收入整体平均水平 87.5%。

表 3－2　2012 年定向发行的挂牌公司的平均财务指标

	总资产（亿元）	营业总收入（亿元）	净利润（亿元）	ROE（%）	每股收益（元/股）
2012 年定向发行公司	1.3	1.5	0.1452	19.99	0.45
所有挂牌公司	0.9	0.8	0.0779	14.73	0.38

注：表中数据为 2011 年数据。
资料来源：wind 资讯。

2. 2013 年定向增资的挂牌公司的经营情况

2013 年实施定向增资的 57 家挂牌公司（共实施了 61 次融资）中，52 家 2012 年的盈利为正，平均净利润 780 万元，平均资产规模接近 1.1 亿元，平均加权净资产收益率近 18% 。与 2011 年相比，实施定向发行的挂牌公司与所有挂牌公司的平均财务指标已经接近，但 ROE 仍明显较高。

表 3－3　2013 年定向发行的挂牌公司的主要财务指标

	总资产（亿元）	营业总收入（亿元）	净利润（亿元）	ROE（%）	每股收益（元/股）
2013 年定向发行公司	1.08	0.78	0.0752	17.78	0.40
所有挂牌公司	0.98	0.79	0.0732	13.39	0.49

注：表中数据为 2012 年数据。
资料来源：wind 资讯。

（二）定向发行公司行业特征

截至 2013 年，111 次定向发行中有 38 次的挂牌公司属于信息传输、软件和信息技术服务业，占比达到 34.2%，但融资占比只有 22.7%，平均融资规模不到 2000 万元。相反，属于仪器仪表制造业的企业只有 3 次，融资占比却近 10%，这主要是仪器仪表制造业的 3 次融资中有 2 次为现代农装（430010）所贡献（若考虑 2014 年 1 月现代农装单次募集 3.24 亿元的定向发行，则占比结构将会发生较大变动）。

111 次实施定向发行的平均市盈率接近 20 倍，其中，文化、体育和娱乐业的平均发行市盈率最高，信息技术服务业以及医药制造业发行市盈率相对较低。

除仪器仪表制造业由于受现代农装 2 次发行的影响，平均募集资金超过 8000 万元外，平均融资规模最大的当属医药制造业与电气机械和器械制造业，平均融资规模均超过 6000 万元。

其中，医药制造业的融资中包括星昊医药(430017)单笔近 1.7 亿元的融资以及已转板公司北陆药业(300016)6662.5 万元的融资。而电气机械和器械制造业中，中海阳(430065)3 次共计 3.881 亿元的融资提升了该行业整体融资规模水平。除此以外，多数行业平均融资规模分布在 2000 万元左右。

表 3－4　定向发行公司行业分布及基本发行指标

行业	家次	平均市盈率	平均募集资金（万元）	平均发行股份（万股）
信息传输、软件和信息技术服务业	38	13.51	1910.96	584.91
计算机、通信和其他电子设备制造业	13	19.05	2339.04	538.57
专用设备制造业	10	32.37	1896.80	430.19
电气机械和器材制造业	8	25.87	6795.01	749.58
其他制造业	8	24.63	2772.33	639.37
文化、体育和娱乐业	5	35.75	3128.70	300.65
非金属矿物制品业	4	24.88	2847.08	1011.00
医药制造业	4	11.42	6991.13	855.18
化学原料和化学制品制造业	4	13.50	3598.31	983.43
农、林、牧、渔业	3	16.33	3843.96	1072.48
仪器仪表制造业	3	11.34	8046.67	1440.00
其他	11	14.33	1463.81	642.72
合计/平均	111	19.14	2880.13	650.00

注：数据截至 2013 年末。计算市盈率时剔除了负值与大于 100 的值。

（三）定向融资发行周期

相对于主板和创业板动辄以年计的定向发行周期，挂牌公司定向发行速度明显较快。2013 年后发布预案并完成发行的 46 家挂牌公司从发布预案到完成备案并公告的平均时间不到 80 天。其中，速度最快的金易通(430170)整个过程只用了 44 天。

三、新三板定向增资的投资者与定价

新三板定向融资持续升温，其主要原因是越来越多的投资者开始重视新三板的投资价值。无论是转板、并购还是二级市场交易，新三板为投资者们带来新的希望。

（一）PE/VC 热情参与新三板定向发行

总体来看，目前大多数挂牌公司还处于完善治理结构和稳定管理层阶段，发行对象中包括公司高管及核心技术人员的融资家次占比较多。但是，专业股权投资机构正在成为新三板定向发行的主要力量，近 3 年有超过一半的定向发行募集资金来源于创投机构。

2012 年 12 月 3 日，“武汉·光谷新三板股权投资基金”成立，成为国内首支以“新三板”命名且专门投资新三板挂牌及拟挂牌企业的专业性基金。基金由湖北省高新技术产业投资有限公司联合申银万国投资有限公司及省内外社会资本共同发起，总规模 5 亿元人民币，首期基金为 2 亿元人民币。

再来看 2013 年实施的 61 次定向融资，只有 16 次发行中没有出现机构投资者的身影，45 次定向发行中有共计 86 家 PE/VC 参与，其中，尚远环保（430206）的定向发行中有 4 家创投机构进行认购，发行结束后 4 家机构持有公司共计 30.5% 的股份。还有数家创投机构多次参与新三板企业定向发行，如 2013 年 1 月才成立的股权投资机构上海屹和投资管理合伙企业（有限合伙）分别以 350 万元和 150 万元资金参与了理想固网（430099）和掌上通（430093）的定向发行，分别持有两家挂牌公司 10% 和 1.5% 的股份；而 2012 年年底成立的北京中诚永道投资管理中心（有限合伙）则分别以 800 万元和 600 万元参与了东展科博（430192）和锐风行（430194）的定向发行，分别占两家挂牌公司 18.82% 和 25% 的股份。

（二）新三板企业定向融资定价依据

2012 年以来 85 起实施定向融资的挂牌公司中，几乎都在发行方案中披露了定价依据，并众口一词地披露：定价为参考公司所处行业、成长性、每股净资产、市盈率等因素，并与投资者沟通后确定。只有宣爱智能（430196）和尚水股份（430080）等少数几家公司明确以每股净资产作为定向发行价格，这几家公司的共同点是都仅对原股东与公司核心员工进行定向发行，没有外部投资者的参与。

2012 年实施的 24 起融资，平均发行市盈率为 20.74 倍，平均发行前市净率为 2.68 倍，其中有 4 起基本按照每股净资产定价，有 2 起发行价格低于每股净资产。

表 3－5　2012 年定向发行情况一览

证券代码	公司名称	增发价格	摊薄市盈率	发行后市净率	发行前市净率
430032	凯英信业	1.50	18.94	0.71	0.59
430091	东方生态	1.76	10.35	0.89	0.82
430095	航星股份	1.35	14.00	1.00	1.00
430062	中科国信	2.30	6.39	1.03	1.04
430002	中科软	3.60	6.32	1.25	1.31
430059	中海纪元	2.60	20.00	1.18	1.35
430083	中科联众	2.60	12.38	1.49	1.87
430028	京鹏科技	4.00	13.00	1.43	1.89
430089	天一众合	3.18	25.00	1.75	2.33
430056	中航新材	4.02	13.00	1.64	2.36
430088	七维航测	4.30	11.03	1.74	2.37
430064	金山顶尖	5.60	17.17	1.92	2.49
430021	海鑫科金	10.15	15.15	2.23	2.51
430070	赛亿科技	5.00	45.00	1.78	2.66
430090	同辉佳视	4.00	16.94	2.06	2.77
430017	星昊医药	8.66	15.43	1.97	2.93
430055	达通通信	8.96	21.33	2.64	3.13
430036	鼎普科技	9.91	19.06	5.30	3.34
430077	道隆软件	4.70	26.00	2.87	3.42
430071	首都在线	6.00	10.00	3.16	3.57
430063	工控网	7.49	21.66	2.94	3.89
430049	双杰电气	9.00	25.00	3.33	4.37
430078	君德同创	8.40	31.54	6.05	4.80
430053	国学时代	10.00	83.00	3.63	7.52
均值			20.74	2.25	2.68

注：市净率以归属于母公司股东权益为基础计算，考虑了发行前利润分配的影响。

2013 年发生的 61 起融资，平均发行市盈率为 18. 64 倍，平均发行前市净率为 2. 90 倍，其中约有 14 起基本按照每股净资产定价。

表 3 - 6　2013 年定向发行情况一览

代码	名称	增发价格	摊薄市盈率	发行后市净率	发行前市净率
430104	全三维	2. 00	11. 76	0. 99	0. 98
430080	尚水股份	1. 84	3. 88	1. 00	1. 00
430182	全网数商	1. 07	3. 69	0. 84	1. 00
430196	宣爱智能	1. 27	8. 16	1. 00	1. 00
430231	赛诺达	1. 06	346. 87	1. 00	1. 00
430071	首都在线	1. 20	1. 33	1. 01	1. 01
430213	乐升股份	1. 20	2. 58	1. 01	1. 03
430038	信维科技	3. 92	10. 53	1. 04	1. 04
430098	大津股份	1. 25	—	1. 02	1. 04
430254	中卉生态	1. 18	6. 94	1. 02	1. 04
430143	武大科技	3. 00	130. 40	1. 06	1. 08
430144	煦联得	1. 00	3. 22	1. 05	1. 15
430148	科能腾达	1. 36	17. 73	1. 13	1. 20
430235	典雅天地	1. 42	16. 00	1. 11	1. 20
430184	北方跃龙	1. 85	10. 98	1. 24	1. 29
430198	微创光电	2. 80	7. 28	1. 31	1. 32
430152	思创银联	1. 80	92. 13	1. 11	1. 34
430037	联飞翔	2. 30	12. 78	1. 34	1. 36
430123	速原中天	1. 80	15. 44	1. 18	1. 37
430206	尚远环保	1. 55	25. 83	1. 04	1. 37
430050	博朗环境	3. 24	21. 60	1. 29	1. 38
430263	蓝天环保	1. 40	7. 78	1. 37	1. 42
430169	融智通	2. 00	7. 69	1. 39	1. 45
430210	舜能润滑	2. 00	51. 12	1. 37	1. 47
430170	金易通	1. 68	10. 84	1. 41	1. 54
430065	中海阳	5. 30	32. 44	1. 71	1. 60
430202	星河科技	2. 00	11. 60	1. 44	1. 63
430250	智网科技	1. 95	5. 02	1. 59	1. 70
430132	国铁科林	1. 97	152. 00	1. 49	1. 75
430075	中讯四方	6. 00	21. 43	1. 63	1. 96

续表

代码	名称	增发价格	摊薄市盈率	发行后市净率	发行前市净率
430093	掌上通	3.00	14.18	1.85	2.02
430362	东电创新	2.00	142.86	1.43	2.06
430318	四维传媒	6.80	10.72	1.83	2.10
430084	星和众工	5.38	13.45	1.80	2.18
430212	六合伟业	5.00	7.62	2.14	2.29
430348	瑞斯福	7.46	13.79	2.17	2.32
430212	六合伟业	5.00	7.27	2.23	2.41
430085	新锐英诚	4.00	22.00	1.79	2.44
430208	优炫软件	3.00	10.60	1.86	2.44
430141	久日化学	7.36	14.00	2.45	2.59
430194	锐风行	3.24	27.00	1.91	2.75
430099	理想固网	3.50	23.01	1.92	2.99
430147	中矿龙科	3.00	—	1.94	3.10
430348	瑞斯福	9.47	17.51	2.89	3.11
430179	宇昂科技	2.00	—	2.91	3.24
430112	弘祥隆	4.00	40.00	0.88	3.45
430310	博易股份	3.50	350.00	3.03	3.72
430109	中航讯	2.00	7.95	2.58	3.78
430192	东展科博	3.00	—	2.27	3.82
430152	思创银联	6.20	86.97	4.21	4.28
430169	融智通	6.00	22.22	3.23	4.35
430103	天大清源	14.21	14.57	2.90	4.46
430279	华安股份	5.40	30.13	3.87	4.79
430100	九尊能源	28.80	10.81	4.87	5.63
430300	辰光医疗	15.00	17.65	4.48	5.83
430276	晟矽微电	4.52	18.02	2.37	6.26
430120	金润科技	29.60	15.31	5.75	6.36
430176	中教股份	8.85	23.92	3.72	7.15
430174	沃捷传媒	22.00	20.24	5.71	9.35
430358	基美影业	25.72	42.03	4.06	13.00
430323	天阶生物	16.00	116.37	13.56	14.22
均值			18.64	2.21	2.91

注：市净率以归属于母公司股东权益为基础计算，考虑了发行前利润分配的影响。市盈率计算时扣除了市盈率超过100的以及负值影响。

知识链接

定向发行执行同股同价原则

根据系统公司《常见问题解答(第三期)》：

挂牌公司定向发行应遵循同股同价原则。同一次定向发行中，不同认购对象的认购价格应保持一致。如果员工认购股份构成股份支付行为的，应执行有关会计准则并进行信息披露。

案例链接　向员工的定向发行认定为股份支付

首都在线(北京首都在线科技股份有限公司)，股份代码：430071，2010年8月挂牌。

2011年9月，增资价格为每股人民币11元；2012年11月，增资价格为每股人民币6元；2013年8月，定向增资的价格为每股人民币1.2元。其中2013年的增资被要求认定为股份支付。

根据《北京首都在线科技股份有限公司定向发行情况报告书》(2013)：

公司授予股票费用计量与授予股票费用核算应当根据《企业会计准则第11号——股份支付》和《企业会计准则第22号——金融工具确认和计量》的规定：以权益结算的股份支付换取职工提供服务的，应当以授予职工权益工具的公允价值计量。

(一)本次股份支付确认方法及原因

本次股份支付确认方法：根据股票定价模型即现值理论，把股票将来各期的收益现金流按特定的贴现率，折合成现值的价值模型。因此员工享有股份的公允价值即为：股票估值基础之上，按照限售股折价后的公允价值。

本次股份支付按照此方法确认的原因是，《北京首都在线科技股份有限公司员工持股计划》约定："员工申请出售股票只能由大股东回购，回购价格为经审计的公司当期期初每股净资产价格。大股东所回购股票必须用于公司未来一期持股计划”。鉴于本次员工持股收益为每股净资产之差额，而公司净资产的增加主要来源于经营所得净利润，因此，员工享有的收益主要是未来公司每年经营所得净利润（这也是股权激励的意义所在），即以未来每股收益按照股票定价模型折现确定的股票估值作为市场公允价值基础，再以限售计算相应折价后的股票价格作为确认本次股份支付的权益工具的公允价值。

上述方法符合股份支付准则关于授予员工权益工具的公允价值计量原则。

（二）本次股份支付确认的假设条件

……

（三）本次股份支付确认的计算过程及结果

1. 股票公允价值

股票公允价值 = 2013 年每股收益折现值 + 2014 年每股收益折现值 + 2015 年每股收益折现值 + 2016 年每股收益折现值 + 2017 年每股收益折现值 + 2018 年及以后年度按照永续模型计算的每股收益折现值 = 7.06

2. 考虑限售折价率的本次权益工具的公允价值

股票公允价格 × 限售折价率：7.06 × 0.5 = 3.53 元

3. 员工本次购买股票已支付 1.2 元，因此确认股份支付金额时应扣除已支付的成本

本次确认的股份支付费用为：494400 × (3.53 − 1.2) = 115.20 万元。

案例链接　定向增资中的对赌协议

天大清源（北京天大清源通信科技股份有限公司），股份代码：430103，2012 年 1 月挂牌。

《北京天大清源通信科技股份有限公司定向发行情况报告书》中披露：

股东协议及其补充协议约定了本次定向发行对象与公司的主要股东之间的对赌安排，主要内容如下：

1. 利润要求与股份补偿

就2012年利润要求及股份补偿，股东协议约定：

公司的主要股东应促使公司达到2012年度合格财务指标。2012年度合格财务指标指公司2012年经合格审计师（非公司已公开披露的2012年度年报财务数据之出具机构）审计的合并报表实际归属母公司的持续经营净利润应不低于2000万元人民币，若公司未达到2012年度合格财务指标的，本次定向发行对象有权要求公司的主要股东以所持公司股份进行补偿，具体补偿条件及相应数量如下：

……

就2013年利润要求及股份补偿：

股东协议约定：公司的主要股东应促使公司达到2013年度合格财务指标。2013年度合格财务指标指2013年度经合格审计师审计的合并报表实际归属母公司的持续经营净利润应不低于3300万元人民币，若公司2013年经审计实际归属母公司的持续经营净利润未达到2013年度合格财务指标的，公司的主要股东应当以人民币1元为全部转让价款向本次定向发行对象转让以公式"届时公司的股本总额×[届时本次定向发行对象所持公司股份比例×（3300万/公司2013年经审计实际归属母公司的持续经营净利润－1）]"计算数量总额的股份向本次定向发行对象进行补偿。

为担保上述股份补偿，股东协议约定：

公司的主要股东以其合计持有的公司15%的股份向本次定向发行对象提供股份质押担保。

……

2. 上市时间与回购请求权

股东协议约定：

（1）公司的主要股东应促使公司于2014年12月31日前成功上市，若公司于2014年12月31日前未能成功上市，则本次定向发行对象可以依其自由裁量选择：

①将公司成功上市的期限延长至2015年12月31日(下称“宽限期”),宽限期届满公司仍未成功转板的,本次定向发行对象可随时要求公司的主要股东按照本协议确定的价格受让本次定向发行对象所持有的公司的全部股份。

②本次定向发行对象未同意将公司成功上市的期限延长至前述宽限期的,在2015年12月31日之前,本次定向发行对象可随时要求公司的主要股东按照本协议确定的价格受让本次定向发行对象所持有的公司的全部股份。

(2)本次定向发行对象行使上述回购请求权的转让对价(即公司的主要股东应当对本次定向发行对象支付的价款)=本次定向发行对象已对公司支付的增资价款×$(1+15\%)^{N}$,N =本次定向发行对象实际持股月份(不足一月按一月计算)÷12。

四、新三板公司定向发行募集资金投向

大多数新三板挂牌公司处于快速发展时期,对营运资金的需求较为紧迫,并且新三板对募集资金的投向并无明确要求,因此在公开披露的信息中,定向发行募集资金多为补充流动资金所用。此外,加大研发投入也是较为常见的募集资金投向。

除此以外,利用募集资金进行行业并购也是解决挂牌企业快速扩张或者完善产业链条的重要手段。自2006年以来,共有9家公司明确将募集资金用于并购。

表3-7 新三板挂牌公司利用募集资金进行并购事件一览 单位:万元

公司名称	主营业务或产品	挂牌时间	定增时间	募集资金	收购对象	收购原因
指南针(430011)	证券分析软件开发、证券信息服务	2007	2007	7315	3000万元注资子公司用于行业并购	完善产业链,巩固行业地位

续表

公司名称	主营业务或产品	挂牌时间	定增时间	募集资金	收购对象	收购原因
北京时代（430003）	逆变焊机、大型焊接成套设备、专用焊机及数控切割机	2006	2010	6000	瓜州顶松机械设备制造有限公司100%股权	介入下游，拓展业务发展空间，寻找新的业务增长点
凯英信业（430032）	计算机及外设、软硬件产品、系统集成。主要用于高校	2008	2011	1650	中电亿商100%股权	标的公司云平台技术有利于业务整合，提升产品竞争力
赛亿科技（430070）	各种焊接材料、热喷涂材料，尤其是各类粉芯线材的研究、开发及销售	2009	2012	1500	武汉华材100%股权	完善产品线，技术与业务互补，行业整合开拓市场空间
东方生态（430091）	节水灌溉产品	2011	2012	1408	泽升工程、三通四联100%股权①	提高市场占有率并弥补业务单一性
中卉生态（430254）	建筑绿化工程设计、施工与养护服务及建筑绿化节能产品的销售	2013	2013	1180	400万用于收购厦门中卉生物工程有限公司全部股权	资源整合、规模优势、提升业务抗风险能力、解决潜在同业竞争
同辉佳视（430090）	提供商用显示解决方案	2011	2014	1566.77	以定向发行的504.58万股份为支付对价，收购同辉无限100%股权	客户资源整合
北京了望（430199）	为金融机构提供整合公关营销服务	2012	2013（预案）	268.4	英沃纵横51%的股权	在银行营销领域的优势互补，资源共享，最终呈现大协同效应。
建中医疗（430214）	医疗器械灭菌包装产品的研发、生产和销售	2013	2013（预案）	1600	拟定在上海以外省新建或收购一家全资子公司	基于公司发展战略，主打公司自主品牌（Mpack）国内医疗机构的市场占有率

① 东方生态此次定向增资共募集资金1408万元，其中565.48万元由泽升工程的全体股东和三通四联的全体股东分别以所持泽升工程及三通四联股权认购，故本次定向增资以现金形式募集资金共751.52万元。

第三节

新三板定向融资流程及注意事项

2013 年 12 月 30 日，新三板面向全国中小企业开放后，系统公司对股转系统的股票发行备案制度进行了完善和细化，发布或修改了《全国中小企业股份转让系统股票发行业务细则（试行）》（简称“《发行业务细则》”）、《全国中小企业股份转让系统股票发行业务指南》（简称“《发行业务指南》”）以及 4 项发行业务指引。这些制度对新三板的股票发行流程和注意事项给出了清晰的规定和指引。

需要注意的是，本节内容主要依据《发行业务细则》和《发行业务指南》整理而来，所涉及的股票发行，仅是包括发行后股东人数累计不超过 200 人的情况。需要经中国证监会核准的股票发行，挂牌公司应在取得中国证监会的核准文件后，再按照系统公司的规定办理股票挂牌手续，相关内容请参考本书附件中的法规、规则部分。

另外，发行股票导致挂牌公司的控股股东或者实际控制人发生变化的，发行股票购买资产导致重大资产重组的，以及挂牌公司发行优先股的具体业务规则，系统公司都将另行制定。

一、新三板股票发行流程

根据《发行业务指南》，新三板的发行流程可以分为董事会与股东大会决议、发行与认购、验资、备案、股份登记、公开转让等六大环节。

（一）董事会与股东大会决议

挂牌公司董事会、股东大会应当按照公司章程规定的表决权回避制度对股票发行等事项作出决议。

1. 董事会决议

董事会决议确定具体发行对象的，董事会决议应当明确具体发行对象（是否为关联方）及其认购价格、认购数量或数量上限、现有股东优先认购办法[①]等事项。已确定的发行对象（现有股东除外）与公司签署的附生效条件的股票认购合同应当经董事会批准。

董事会决议未确定具体发行对象的，董事会决议应当明确发行对象的范围、发行价格区间、发行价格确定办法、发行数量上限、现有股东优先认购办法等事项。

如果发行对象用非现金资产认购发行股票，董事会决议还应当明确交易对手（应当说明是否为关联方）、标的资产、作价原则及审计、评估等事项。

董事会需要说明本次发行募集资金的用途。

挂牌公司应当在董事会决议之日起两个转让日内披露董事会决议公告及经董事会批准的股票发行方案。

2. 股东大会决议

董事会决议后，挂牌公司股东大会应当就股票发行等事项作出决议。

在挂牌公司股东大会审议通过股票发行方案后，董事会决议作出重大调整的，公司应当重新召开股东大会进行审议。

对股票发行方案作出重大调整，主要指以下两种情形：

---

① 现有股东优先认购办法中需要明确现有股东放弃优先认购股票份额的认购安排。

（1）发行对象名称（现有股东除外）、认购价格、认购数量或数量上限、现有股东优先认购办法的调整；

（2）发行对象范围、发行价格区间、发行价格确定办法、发行数量或数量上限的调整。

挂牌公司应当在股东大会决议之日起两个转让日内披露股东大会决议公告。

以非现金资产认购股票涉及资产审计、评估或者盈利预测的，资产审计结果、评估结果和经具有证券、期货相关业务资格的会计师事务所审核的盈利预测报告应当最晚和召开股东大会的通知同时公告。

（二）发行与认购

1. 发行方式

董事会决议确定具体发行对象的，挂牌公司按照股票发行方案和认购合同的约定发行股票，并办理现有股东优先认购手续。

董事会决议未确定具体发行对象的，挂牌公司及主办券商可在事先确定的询价对象范围内接收询价对象的申购报价，按照价格优先的原则，并考虑认购数量或其他因素，确定发行对象、发行价格和发行股数。询价对象需要符合投资者适当性规定。有现有股东优先认购的，在相同认购价格下应优先满足现有股东的认购需求。

2. 披露认购公告

挂牌公司最迟在缴款起始日前的两个转让日披露股票发行认购公告。认购公告中还应披露现有股东的优先认购安排①。

3. 认购与缴款

发行对象可用现金、非现金资产，以及同时以非现金资产和现金认购发行股票。

参与认购的投资者和现有股东按照认购公告和认购合同的约定，在

---

① 认购公告中披露的现有股东优先认购安排包括但不限于以下内容：（1）现有股东在本次发行前放弃优先认购的情况；（2）现有股东优先认购的缴款期限和缴款方式；（3）现有股东放弃优先认购股份的处理方式。

缴款期内进行缴款认购。

（三）验资

认购完成后，挂牌公司办理验资手续。验资报告须由具有证券、期货相关业务资格的会计师事务所出具。

（四）备案

1. 提交文件

挂牌公司应当在股票发行验资完成后的10个转让日内，向系统公司报送备案文件，履行备案程序。报送的备案文件应提交原件1份，复印件2份以及电子文件1份。

全国中小企业股份转让系统股票发行备案文件目录

第一部分　要求披露的文件

1－1 股票发行方案

1－2 股票发行情况报告书

1－3 公司关于股票发行的董事会决议

1－4 公司关于股票发行的股东大会决议

1－5 股票发行认购公告

1－6 主办券商关于股票发行合法合规性意见

1－7 股票发行法律意见书

1－8 具有证券、期货相关业务资格的会计师事务所或资产评估机构出具的资产审计或评估报告（如有）

第二部分　不要求披露的文件

一、挂牌公司相关文件

2－1 备案登记表

2－2 股票发行备案报告

2－3 认购合同或认购缴款凭证

二、其他文件

2－4 挂牌公司全体董事对备案文件真实性、准确性和完整性的承诺书

2－5 本次股票发行的验资报告

2－6 资产权属证明文件(如有)

2－7 资产生产经营所需行业资质的资质证明或批准文件(如有)

2－8 签字注册会计师、律师或者资产评估师的执业证书复印件及其所在机构的执业证书复印件

2－9 要求报送的其他文件

提交的文件齐备后,系统公司出具《材料接收确认单》。

2. 材料审查

系统公司对提交的文件进行审查,如发现问题将通过电子邮件(feedback@ neeq. org. cn)向主办券商发送问题清单。

主办券商协助公司落实问题清单中的问题,在收到问题清单后的10个转让日内将对问题清单的回复发送至 feedback@ neeq. org. cn。

3. 出具股份登记函

系统公司对文件审查后出具股份登记函,送达公司、中国证券登记结算有限责任公司(以下简称"中国结算")和主办券商。

(五)股份登记

挂牌公司按照《全国中小企业股份转让系统股份登记结算业务指南》的要求向中国结算申请办理股份登记,披露股票发行情况报告书、股票发行法律意见书、主办券商关于股票发行合法合规性意见和股票挂牌转让公告。

挂牌转让公告披露后,中国结算进行股份登记并出具股份登记证明文件。

(六)公开转让

完成股份登记后,本次股票发行中无限售条件和无锁定承诺的股份

按照挂牌转让公告中安排的时间在股份转让系统公开转让。

二、新三板股票发行的注意事项

新三板股票发行虽然属于事后备案制，但系统公司仍然有可能因为发行过程的瑕疵不出具股份登记函。因此，为确保发行顺利备案，还应注意以下方面的事项。

（一）股东数量和身份的认定

1. "发行后股东人数累计不超过200人"的认定

"发行后股东人数累计不超过200人"，是指股票发行方案确定或预计的新增股东人数（或新增股东人数上限）与审议本次股票发行的股东大会规定的股权登记日（简称"股权登记日"）在册股东人数之和不超过200人。

2. 现有股东的认定标准

股票发行安排现有股东优先认购，或者发行对象或发行对象范围包括现有股东的，现有股东是指股权登记日的在册股东。

（二）现有股东的优先认购权比例

挂牌公司股票发行以现金认购的，公司现有股东在同等条件下对发行的股票有权优先认购。每一股东可优先认购的股份数量上限，为股权登记日该股东在公司的持股比例与本次发行股份数量上限的乘积。

如果公司章程对优先认购另有规定的，按照公司章程的规定执行。

（三）以非现金资产认购股份的特别规定

1. 非现金资产的审计与评估

以股权资产认购的，股权资产应当经过具有证券、期货等相关业务资格的会计师事务所审计，出具标的资产最近一年及一期（如有）的审计报告，审计截止日距审议该交易事项的股东大会召开日不得超过6个月。如果该股权资产被出具非标准审计意见，则应当在《股票发行方案》中披露涉及事项及其影响。

以非股权资产认购的，非股权资产应当经过具有证券、期货等相关业务资格的资产评估机构评估。评估基准日距审议该交易事项的股东大会召开日不得超过1年。非股权资产独立运营和核算的，需要在《股票发行方案》中披露最近一年及一期（如有）经具有证券、期货相关业务资格的会计师事务所审计的财务报表及审计意见，如果被出具非标准审计意见，则需要披露涉及事项及其影响。

2. 非现金资产的定价依据

资产交易价格以资产评估结果作为定价依据的，应当由具有证券、期货等相关业务资格的资产评估机构出具评估报告。董事会说明定价的合理性，资产定价是否存在损害公司和股东合法权益的情形。

以经审计的账面值为依据的，公司董事会应当对定价合理性予以说明。

资产转让合同中还需要明确资产交付或过户时间安排，标的资产自评估截止日至资产交付日或过户日所产生收益的归属安排。

3. 非现金资产的权属问题

挂牌公司和主办券商需要特别关注非现金资产的权属是否清晰，是否存在权利受限、权属争议或者妨碍权属转移的情况；对股权类资产，还需要关注该标的公司所从事的业务是否需要取得许可资格或资质，是否涉及需获得有关主管部门批准的事项。

如果该资产尚未完成相关资产权属过户或存在重大法律瑕疵的，系统公司将不予出具股份登记函。

（四）募集资金使用

挂牌公司在取得股份登记函之前，不得使用本次股票发行募集的资金。

（五）估值调整条款的披露

董事会决议确定具体发行对象的，在披露股票认购合同的内容摘要时，应披露估值调整条款，如以达到约定业绩为条件的股权质押、股权回购或现金支付等。

第四节

新三板的非股权类融资方式

除定向融资外,新三板挂牌公司还可以凭借其公众公司的身份,获得多元化的融资工具的支持。当前市场热议的融资工具包括优先股①、股权质押类融资和中小企业私募债等。本节主要介绍债务融资工具,以减少股本稀释,改善财务结构。

一、股权质押类融资方式

股权质押类融资可分为股权质押贷款和股权质押回购两种。

---

① 优先股(Preference Share)实际上是股份有限公司的一种类似举债集资的形式,通常预先定明由普通股以其可分配的股利来保证优先股的股息收益率。由于优先股股息率事先设定(上限),所以优先股的股息一般不会根据公司经营情况而增减,而且一般也不能参与公司的剩余利润的分红,也不享有除自身价格以外的所有者权益。在资不抵债的情况下,优先股会有损失。

优先股对于新三板挂牌的中小企业可能更具吸引力。初创期的中小企业存在股权高度集中的问题,且创始人和核心管理层常常不愿意看到股权被稀释。而财务投资者又往往没有精力参与公司的日常管理,只希望获得相对稳定的回报。优先股这种安排能够兼顾两个方面的需求。

目前,中国证监会正在起草关于优先股的相关规范性文件。

(一)股权质押贷款

银行贷款是最为常见的债权融资方式。股权质押贷款是获取银行贷款的方式之一。

部分非上市、非公众企业虽然成长性较好,但资产相对较轻,没有抵押物,很难从银行贷款,发展速度受到了制约。但一旦上市或挂牌新三板后,公司股权迅速升值且获得了一定的流动性,由此成为银行可以接受的贷款抵押物。当股东将所持有的挂牌(上市)公司股权质押给银行,为挂牌(上市)公司向银行贷款提供质押反担保,挂牌(上市)公司即可获得授信额度和贷款。

金泰得(430029)是利用银行贷款进行短期快速融资最为活跃的挂牌公司之一,2013 年内先后 4 次从杭州银行借款 1700 万元补充流动资金,有 2 次是通过股权质押取得的信用额度(700 万元)。

表 3-8　2013 年部分挂牌公司股权质押贷款情况

代码	公司名称	授信金额(万元)	质押股权占比(%)	授信期限(月)
430064	金山顶尖	4000	51.52	24
430188	奥贝克	100	13.88	12
430075	中讯四方	1000	26.92	12
430149	江仪股份	2000	36.83	—
430161	光谷信息	—	6.25	—
430029	金泰得	700	5.25	12
430112	弘祥隆	300	75.76	3
430209	康孚科技	1800	73.75	—
430230	银都传媒	2000	—	12
430226	奥凯立	—	68.25	12
430159	创世生态	2000	—	12
430266	联动设计	—	21.50	12
430222	璟泓科技	650	49.00	4
430135	三益能环	—	60.00	12
430279	华安股份	—	8.10	12
430114	永涵星港	—	50.00	36
430263	蓝天环保	2000	62.18	12

续表

代码	公司名称	授信金额(万元)	质押股权占比(%)	授信期限(月)
430100	九尊能源	1500	45.00	24
430244	颂大教育	—	71.01	12
430051	九恒星	2500	—	12
430124	汉唐自远	3300	100	24

知识链接

股权质押贷款不影响企业挂牌新三板

根据系统公司《常见问题解答(第二期)》:

挂牌前,拟挂牌公司可依法办理股权质押贷款,须履行必要内部决议程序,签署书面质押合同,办理工商登记手续,只要不存在股权纠纷和其他争议,原则上不会影响其挂牌。挂牌后,挂牌公司也可依法办理股权质押贷款,但需按照中国证券登记结算有限责任公司的要求,办理股票质押手续。

办理股权质押贷款的股份在股份公司挂牌后,应当按照中国证券登记结算公司的有关规定办理登记手续,在股权出质期间限制转让,待质押权行使时,按照中国证券登记结算公司的有关规定办理流通手续。

(二)股权质押回购

以股权质押为基础还可以演化出证券公司的股权质押回购业务。股票质押回购是指符合条件的资金融入方(简称"融入方")以所持有的股票或其他证券质押,向符合条件的资金融出方(简称"融出方")融入资金,并约定在未来返还资金、解除质押的交易。

融入方和融出方在开展股权质押回购业务时,需事先签订相关合同,就质押股权的期限、数量、质押股权的价格、质押股权回购价格等条款进行约定。特别需要指出的是股权质押回购合同中,股权质押价格往往远低于其市场价格,这使质权价值远低于质权的实际市场价值。同时,合同中还将明确质押股权市场价值下跌时,质押资产池价值的"补充维持"机制,即当质押股权的价值跌到某一预警线时,融入方需要提供更多的质押股权数量。

2013 年 5 月,上海证券交易所和深圳交易所分别发布了《股票质押式回购交易及登记结算业务办法（试行）》（简称“《质押式回购业务办法》”），标志着我国A股市场股权质押回购业务正式起航。

《质押式回购业务办法》中规定：融入方是指具有股票质押融资需求且符合证券公司所制定资质审查标准的客户；融出方包括证券公司、证券公司管理的集合资产管理计划或定向资产管理客户、证券公司资产管理子公司管理的集合资产管理计划或定向资产管理客户，专项资产管理计划参照适用。

股票质押回购的回购期限不超过3年，股票质押回购的标的证券为交易所上市交易的A股股票或其他经交易所和中国证券登记结算有限责任公司认可的证券。

目前，此项业务暂未对新三板挂牌股票开放。但随着新三板挂牌股票交投不断活跃，股权公允定价问题得到更好的解决后，预计在不远的未来，此项业务也将成为新三板挂牌公司常用的融资工具之一。

二、发行中小企业私募债的方式

2012年5月，我国中小企业私募债业务试点正式启动，成为我国第一个不需要行政审批、无净资产和盈利能力限制的完全市场化的债券产品。

中小企业采取发行中小企业私募债的方式进行融资有很多益处：一是开辟直接融资渠道，降低企业综合融资成本，有助于在经济形势和自身情况欠佳时保持债务融资资金的稳定性；二是发行审核采用“备案”制，审核周期短、速度快；三是对发行规模未作限制，筹资规模由企业与承销商自主协商决定；四是可灵活设计发行期限、含权条款等债券要素；五是未对募集资金的使用做出限制，企业可根据自身业务需要合理安排资金用途。

知识链接

中小企业私募债发行条件及产品特点

一、发行主体资格条件

境内注册的有限责任或者股份有限公司，成立后已满两个完整的会计年度；非房地产和金融行业企业；企业规模为中小企业（参考工信部

《关于印发中小企业划型标准规定的通知》）；未在上交所或深交所上市。

二、其他发行条件

发行人所在地省级人民政府或有关部门已与交易所签订合作备忘录。

发行方式为非公开。发行、转让及持有账户合计不超过200个。

中小企业私募债要求有增信措施。

发行期限在1年以上（上交所有三年以内的限制）。

发行利率不得超过同期银行贷款基准利率的3倍。

三、合格投资者要求

合格机构投资者要求为：金融机构，包括银行、券商、基金、信托和保险等；金融机构面向投资者发行的理财产品；注册资本不低于1000万元的企业法人；认缴出资总额不低于5000万元，实缴出资总额不低于1000万元的合伙企业。

深交所暂不接受个人投资者。

上交所可接受个人投资人，要求个人名下的各类证券、资金、资产管理账户的资产总额不低于500万元，具有两年以上的证券投资经验。发行人的董事、监事、高级管理人员及持股比例超过5%的股东可作为合格的个人投资者参与申购与交易。

四、中小企业私募债的产品特点

（一）主要优势

1. 发行人资格门槛低，没有净资产和盈利要求。

2. 备案制，审核时间10个工作日。

3. 发行条款灵活，可分期发行；可集合发行；可以设置附赎回权、认股权等条款；可采取多种内外部增信措施。

4. 资金用途宽松。

5. 高票面利率，平均收益约为9%。

（二）产品主要限制

1. 风险较高；发行人的资质不够好，信息披露还不够透明。

2. 流动性差，无法做质押式回购，交易不够活跃。

3. 销售问题是制约中小企业私募债发展的瓶颈所在。

由于新三板挂牌公司已经具备一定的市场形象和信息公开披露特点，挂牌公司发行中小企业私募债时往往能够以更低的票面利率得到投资者的认可。

目前，已有9家挂牌公司采用中小企业私募债的方式进行融资，平均募集资金近2800万元，平均票面利率8.34%，明显低于市场同期9.19%的平均票面利率水平。债券期限最短为1.5年，最长为3年。

9家公司中，中海阳（430065）和联飞翔（430037）均已进行过3次定向发行；中航新材（430056）、九恒星（430051）和蓝天环保（430263）均已进行过1次定向发行，其中，蓝天环保（430263）是唯一一家在挂牌同期完成定向发行和私募债发行的公司，充分体现了新三板企业融资手段和操作的多样性和灵活性。

此外，华索科技（430289）拟发行不超过1000万元私募债券，并于2013年11月29日在深交所完成备案工作。

表3-9 新三板挂牌公司私募债发行情况

简称	发行总额（万元）	票面利率（%）	当月平均票面利率（%）	债券期限（年）	开始转让日	转让地
蓝天环保	2000	8.50	9.63	3年	2013-07-03	上交所
联飞翔	2000	8.00	9.22	2.5年	2013-03-06	深交所
思倍驰	1500	9.00	9.22	2年	2013-03-06	深交所
中海阳	10000	8.50	9.40	2年	2013-04-23	上交所
德鑫物联	2500	8.20	9.00	2年	2013-01-04	上交所
金豪制药	2000	7.90	8.80	2年	2012-10-19	上交所
鸿仪四方	2000	8.00	9.17	2年	2012-07-31	深交所
中航新材	2000	8.50	9.14	1.5年	2012-06-27	上交所
九恒星	1000	8.50	9.14	1.5年	2012-06-27	深交所
均值	2778	8.34	9.19	—	—	—

第四章　Chapter 4

转板！离现实越来越近

《金融业发展和改革“十二五”规划》提出要“完善不同层次市场间的转板机制和市场退出机制，逐步建立各层次市场间的有机联系，形成优胜劣汰的市场环境”。49号文为实现全国股转系统与主板、创业板的对接提供了政策基石，规定“在全国股份转让系统挂牌的公司，达到股票上市条件的，可以直接向证券交易所申请上市交易”。这意味着《证券法》“申请证券上市交易，应当向证券交易所提出申请，由证券交易所依法审核同意”不再是一纸空文，券商游说企业挂牌时惯说的或有“绿色转板通道”也终于破题而出。至此，主板、创业板、新三板和区域性股权转让市场已经形成上下贯通、能上能下的有机整体。

实际上，挂牌公司进行IPO申请一直以来并无障碍，已有8家转板成功。但无论是否是在新三板挂牌，目前企业想要去上交所和深交所上市，都需要经历整个IPO的辅导、申报、核准、公开发行等程序才能实现。

第一节
新三板挂牌公司转板并无障碍

迄今为止，在尝试转板的挂牌公司中，有 8 家转板成功，有 3 家已经向中国证监会提交 IPO 申报材料，有 4 家公司曾经向证监会提交材料后由于准备尚不成熟又主动撤回了申报材料，还有现代农装（430010）、中科软（430002）、绿创设备（430004）、大地股份（430034）等挂牌公司的股东大会曾经决议要在适当的时候启动 IPO。

一、新三板挂牌公司成功转板案例

8 家成功转板挂牌公司中有 7 家成功在创业板上市，1 家成功在中小板上市。

（一）新三板挂牌成功转板公司

新三板首例成功转板的案例始于 2009 年 8 月，2006 年 9 月挂牌的久其软件（430007）成功在中小板上市，这也是迄今为止唯一一家转向中小板的企业，也是从挂牌到成功转板上市时间最短的公司，整个过程约

3 年。

8 家成功转板的公司以通信、信息、软件等信息技术产业或高端制造业为主，从挂牌到成功上市的时间最长未超过 5 年。久其软件(430007)、博晖创新(430012)和东土科技(430045)在挂牌后曾有过一次 IPO 申请失败的经历。

表 4－1　新三板挂牌公司尝试过转板的部分公司

挂牌代码	挂牌简称	产品服务	上市市场	挂牌时间	上市时间
成功转板					
430007	久其软件	电子政务、集团管控领域的应用软件以及云计算服务	中小板	2006－09	2009－08
430006	北陆药业	对比剂、降糖药、九味镇心颗粒	创业板	2006－08	2009－10
430001	世纪瑞尔	铁路行车安全监控产品	创业板	2006－01	2010－12
430023	佳讯飞鸿	常规类指挥调度通信产品、应急类监控及应急通信产品、防灾安全监控产品	创业板	2007－10	2011－05
430008	紫光华宇	政务应用软件及系统建设服务	创业板	2006－08	2011－10
430012	博晖创新	人体元素检测系统	创业板	2007－02	2012－05
430045	东土科技	工业级以太网交换机、数据光端机、光纤收发器	创业板	2009－02	2012－09
430030	安控科技	工业自动化控制产品及系统集成	创业板	2008－08	2014－01
暂停报价等候发审					
430040	康斯特	数字压力、温度校准仪表	拟创业板	2008－12	—
430018	合纵科技	电力配电设备制造	拟创业板	2007－09	—
430049	双杰电气	中压输配电及控制设备	拟创业板	2009－02	—
主动撤回发审					
430017	星昊医药	天然药物、化学药物	拟创业板	2007－08	—

续表

挂牌代码	挂牌简称	产品服务	上市市场	挂牌时间	上市时间
430021	海鑫科金	多生物特征识别技术产品及系统	拟创业板	2007－09	—
430065	中海阳	太阳能光伏组件、太阳能应用产品	拟创业板	2010－03	—
430043	世纪东方	铁路及公共事业领域专用无线通信相关产品	拟创业板	2009－01	—

8家成功转板的挂牌公司平均营业收入年均增速达到34.1%，平均归属于母公司股东的净利润年均增速达到44.7%。新三板助推企业发展的效果十分明显，起到了较好的上市资源孵化器作用。

表4－2　7家成功转板公司在板期间的发展增速　　单位：万元

公司简称	挂牌时间	上市时间	挂牌前一年营业收入	上市前一年营业收入	挂牌前一年净利润	上市前一年净利润	在板期间营业收入年均增速	在板期间净利润年均增速
世纪瑞尔	2006	2010	5856	15613	1363	4228	27.8%	32.7%
北陆药业	2006	2009	8394	17722	914	2605	28.3%	41.8%
久其软件	2006	2009	4976	13020	1421	4858	37.8%	50.6%
紫光华宇	2006	2011	10012	39921	1251	7065	31.9%	41.4%
博晖创新	2007	2012	2937	9812	1296	4478	27.3%	28.2%
佳讯飞鸿	2007	2011	11628	28385	1724	4873	25.0%	29.7%
东土科技	2009	2012	4238	12531	680	3784	43.5%	77.2%
安控科技	2008	2014	4330	33757	578	5296	50.8%	55.7%

注：表中的净利润口径为归属于母公司股东的净利润。

（二）转板程序

挂牌公司成功转板后，该公司在新三板市场公开披露的所有信息都将下线。因此，为了保证程序的准确，本书特意选取了最近发行上市的安控科技（430030）为例来说明转板程序。

安控科技于2008年8月挂牌新三板，于2014年1月顺利上市，主要经历了以下程序。

1. 召开董事会和股东大会审议拟上市议案

2010年11月23日，安控科技董事会审议通过《关于北京安控科技股份有限公司申请首次公开发行人民币普通股(A 股)股票并在创业板上市的议案》。

2010 年 12 月 8 日,安控科技股东大会审议并通过《关于北京安控科技股份有限公司申请首次公开发行人民币普通股(A 股)股票并在创业板上市的议案》。

2. 向证监会申报、受理并停止报价转让

2011 年 6 月 27 日,安控科技向中国证监会提交公司首次公开发行 A 股股票并在创业板上市的申请。

2011 年 7 月 5 日,收到《中国证监会行政许可申请受理通知书》,安控科技首次公开发行股票并在创业板上市的申请已被中国证监会受理。

2011 年 7 月 6 日起至公开发行股票审核结果确定之日,安控科技暂停报价转让。

3. 董事会和股东大会审议通过延长 IPO 授权期限议案(如有)

2011 年 11 月 14 日,安控科技董事会审议通过《关于提请股东大会延长授权董事会办理公司首次公开发行人民币普通股(A 股)股票并在创业板上市有关事宜授权期限的议案》。

2011 年 12 月 2 日,安控科技股东大会审议并通过《关于延长授权董事会办理公司首次公开发行人民币普通股(A 股)股票并在创业板上市有关事宜股东大会授权期限的议案》。

4. 审核通过继续暂停报价转让

2012 年 5 月 18 日,根据中国证监会创业板发行监管部《创业板发审委 2012 年第 36 次会议审核结果公告》,安控科技首次公开发行股票并在创业板上市申请获通过。在办理股份终止转让事宜期间,公司股份将继续暂停转让。

5. 终止报价转让

2014 年 1 月 6 日,安控科技 IPO 申请正式获得中国证监会的核准,2014 年 1 月 9 日,安控科技终止公司股份挂牌报价转让。

如果新三板公司未能获得中国证监会发行审核委员会的审核,则在收到审核结果后,恢复报价转让。

二、新三板挂牌公司转板失利的案例

如前所述，新三板转板也并非一帆风顺，成功转板的 8 家公司中有 3 家属于“二进宫”，其他准备转板的公司中有 1 家曾经冲击 IPO 被否，另外还有 4 家主动撤回申报材料。下面将对这些公司首次 IPO 申请失利的原因进行讨论。

（一）新三板转板被否的原因讨论

2007 年，久其软件（430007）首次冲击中小板被否。网上流传久其软件被否主要原因有两点：一是其资产负债率较低，财务指标人为调整痕迹明显，而实际现金充裕，没有融资的必要性。二是业务发展过度依赖其非市场化的营销模式，客户多为政府及国资背景大企业；可能不符合《首次公开发行股票并上市管理办法》第三十九条“募集资金数额和投资项目应当与发行人现有生产经营规模、财务状况、技术水平和管理能力等相适应”的要求。

2010 年，博晖创新（300318）首次申请创业板 IPO 被否。市场认为其被否的原因主要是：第一，现金流充裕，没有银行借款，且由于“闲钱”多，四处投资，公司融资必要性不充分；第二，募集资金投向存在问题，募投项目大量投资于研发基地建设，研发具有不确定性，风险较大，并且 IPO 申请时，募投项目的产品尚未取得生产许可，未来是否能够如期投产值得疑问。除前面提到的《首次公开发行股票并上市管理办法》第三十九条外，博晖创新当时可能还与第四十一条“发行人董事会应当对募集资金投资项目的可行性进行认真分析，确信投资项目具有较好的市场前景和盈利能力，有效防范投资风险，提高募集资金使用效益”的规定不符。

2010 年，东土科技（430045）第一次 IPO 被否。中国证监会创业板发行审核委员会认为：第一，东土科技在目前阶段抗风险能力较弱，无法对公司的成长性和持续盈利能力作出明确判断，不符合《首次公开发行股票并在创业板上市管理暂行办法》第十四条“发行人应当具有持续盈利能力”的规定；第二，东土科技本次募投项目在技术开发和市场开拓方面面临较大风险，募集资金投资项目与现有生产经营规模不相适应，不符合《首次公开发行股票并在创业板上市管理暂行办法》第二十七条“发行人募集资金应当用于主营业务，并有明确的用途。募集资金数额和投资项目应当与发行人现有生产经营规模、财务状况、技术水平和管理能力等相适应”的规定。

2011 年，合纵科技（430018）发审未获通过。中国证监会创业板发行审核委员会认为：合纵科技因 2008 年度及 2010 年 1—6 月原始财务报表存在不符合收入确认原则和关联交易统计不完整导致合并报表内部交易抵消不彻底的情况，对申报财务报表进行了重大会计差错更正，使申报财务报表与原始财务报表产生重大差异。其中最近一个会计年度中，2010 年 1—6 月因跨期收入调整主营业务收入 290918.20 元，调整应收账款 16707788.74 元，因未实现内部销售利润抵消错误调整销售利润 -1352975.90 元。上述事项说明合纵科技会计核算基础工作不规范，内部控制制度存在缺陷，与《首次公开发行股票并在创业板上市管理暂行办法》第二十条“发行人会计基础工作规范，财务报表的编制符合企业会计准则和相关会计制度的规定，在所有重大方面公允地反映了发行人的财务状况、经营成果和现金流量，并由注册会计师出具无保留意见的审计报告”以及第二十一条“发行人内部控制制度健全且被有效执行，能够合理保证公司财务报告的可靠性、生产经营的合法性、营运的效率与效果，并由注册会计师出具无保留结论的内部控制鉴证报告”的规定不符。

（二）新三板挂牌公司主动撤回发审的原因

2012 年，中海阳在向证监会递交了创业板 IPO 申请后 4 个月，主动撤回材料。应该说，中海阳 2012 年中报业绩大幅跳水是其无奈放弃 IPO 的首要原因。当时，太阳能光伏行业持续不景气并开始向太阳能光伏系统安装和应用的下游传导，光伏系统集成领域行业竞争加剧，导致中海阳主要产品毛利率持续下滑。此外，还有部分客户因资金方面的困难，推迟了部分项目的实施，对中海阳的业务也产生了较大的负面影响。

2011年，海鑫科金主动撤回IPO申请。海鑫科金的经营业绩非常漂亮，但由于“突击入股”问题是证监会高度重视的问题，并在审核环节和持续监管环节采取了相应的监管措施，因此，海鑫科金申报前夕5家法人股东突击入股可能会对其上市申请带来障碍；其次，海鑫科金从事安防行业，虽有高科技概念，但技术优势并不明显，产品高附加值少，面临的竞争相当激烈，并且海鑫科金的产品较单一、主要客户为公安系统，在红海市场环境下，持续盈利能力可能存在不确定因素。

由此可见，主体资格、独立性、财务及内控、业务与技术、可持续盈利能力、募集资金投向等任何一个方面出现问题都有可能导致IPO的失败。上述的案例也说明，即使达到财务指标要求，在场内市场上市的标准还是比挂牌新三板要严格很多。

三、新三板转板绿色通道的设想

虽然49号文已经为新三板绿色转板通道的推出打开了大门，但由于转板细则仍未出台，目前新三板挂牌公司转板和未挂牌公司直接IPO，在程序上还是没有任何区别。

系统公司总经理谢庚多次表示，系统公司发布的相关规定里面已经通过操作程序预留了转板空间，如在暂停转让和终止转让的具体条款中，有“向中国证监会申请首次公开发行股票并上市，或向证券交易所申请股票上市”以及“中国证监会核准其首次公开发行股票申请，或证券交易所同意其股票上市”的表述，按照发行与上市分离的理念，证监会负责股票发行审核，交易所负责上市审核，新三板挂牌公司由于已经过证监会公开转让的核准，且不公开发行新股，如果具备任何一个交易所上市的条件，无须重新发行审核，可以直接向该交易所递交上市申请。

查阅《证券法》，第二章第十条规定：公开发行证券，必须符合法律、行政法规规定的条件，并依法报经国务院证券监督管理机构或者国务院授权的部门核准；未经依法核准，任何单位和个人不得公开发行证券。

第三章第四十八条规定：申请证券上市交易，应当向证券交易所提出申请，由证券交易所依法审核同意，并由双方签订上市协议。

以深圳证券交易所为例，根据《深圳证券交易所股票上市规则（2012年修订）》《深圳证券交易所创业板股票上市规则（2012 年修订）》和《深圳证券交易所退市公司重新上市实施办法》，预计新三板转板申请必须同时满足以下条件：

（1）转中小板和主板的挂牌公司股本总额不少于 5000 万元，转创业板的挂牌公司股本总额不少于 3000 万元。

（2）社会公众持有的股份占公司股份总数的比例为 25% 以上；公司股本总额超过 4 亿元的，社会公众持有的股份占公司股份总数的比例为 10% 以上。

（3）公司最近三年无重大违法行为，财务会计报告无虚假记载。

（4）公司最近两个会计年度的财务会计报告被出具标准审计报告。

（5）转中小板和主板的挂牌公司最近两个会计年度经审计的净利润均为正值且累计超过 2000 万元，转创业板的挂牌公司最近两个会计年度经审计的净利润均为正值且累计超过 1000 万元（净利润以扣除非经常性损益前后较低者为计算依据）。

（6）公司最近一个会计年度经审计的期末净资产为正值。

（7）公司具备持续经营能力。

（8）具备健全的公司治理结构和内部控制制度且运作规范。

（9）公司在申请重新上市前进行重大资产重组且实际控制人发生变更的，须符合中国证监会规定的借壳上市条件。

但新三板挂牌公司真的需要转板吗？答案是不一定。

首先，绝大部分企业 IPO 的直接动力就是公开发行募得巨额资金，但绿色通道下的转板没有公开发行环节，因此企业转板动力将会锐减。至于转板后的融资，场内市场的绝大部分融资工具都可以复制到新三板使用，并且新三板的定价和发行机制更加灵活。剩下的吸引力可能就是在场内市场交易时，投资者退出会更为便捷；但做市商制度推出后，投资者如果愿意以相对公允的价格退出，也不会有很大障碍；即便是大股东想一次性把公司卖掉，在新三板的操作也会更为简易。

其次，参照成熟市场的做法，当交易所挂牌或上市企业家数足够多时，将对市场进行分层管理。如美国的场外市场 OTC Markets 就将 1 万多家挂牌公司分为 OTCQX、OTCQB、OTC Pink 三个主要层次，每个层次的业绩、股本和信息披露的要求均不一样，所能获得的服务也不一样。OTCQX 的分层标准已经部分达到纽约交易所或纳斯达克的要求[①]。由此可见，只要融资、交易足够便利，绩优公司一直待在新三板并不是不可能的事。股份转让系统的领导也曾多次表示，将在合适的时机对新三板进行分层管理，并且会允许达到条件的挂牌公司进行一般场内市场才会采用的连续竞价交易。预计分层管理后，新三板最上层公司的质地会达到创业板甚至中小板的平均水平。

再次，交易所上市门槛并不低。如现行的《创业板股票上市规则》中规定，申请在创业板上市应符合的条件包括：公司股本总额不少于 3000 万元，公开发行的股份达到公司股份总数的 25% 以上，公司股东人数不少于 200 人等。对于大部分挂牌公司而言，若没有公开发行的环节，在新三板这样一个有着严格投资者适当性管理制度的市场，股东人数和公开发行股份比例很难达到上市条件。预计交易所将会进一步修改上市规则，增加其他的上市条件。

因此，可能这样评价转板机制的推出更为合适：这是一个重大创新举措，该机制给予了企业根据自身发展阶段自由选择适合市场的机会，但就升板而言，仍然会有一定的门槛；就降板而言，障碍消散于无形。

在 2014 年 1 月 24 日最新挂牌的 266 家企业中，可以看到众多原创业板 IPO 排队企业或地方上市后备企业。如曾名列创业板排队名单并进行过预披露的深圳凯立德（430618），业绩突出作为地方上市种子企业的广信科技（430447）、中视文化（430508）、雅达股份（430556）、谢裕大（430370）、新疆华油（430466）、和氏股份（430456）等，以及地方金融业龙头湘财证券（430399）、均信担保（430558）等。这些经历过 IPO 辅导或收入、利润规模较大的企业，或将成为转板的主要力量。

---

① 参见本章第三节。

新闻链接

证监会:新三板公司介绍上市无法律障碍

在全国中小企业股份转让系统(以下简称"新三板")公司总经理谢庚之后,中国证监会有关负责人昨天再次表态新三板挂牌公司通过"介绍上市"的方式转板到沪深交易所"没有法律障碍"。

昨天,证监会召开为全国"两会"预热的新闻通气会。在回答《第一财经日报》记者提问时,上述负责人明确表示在现行《证券法》框架下,发行审核和上市审核是分离的,通过证监会公开发行或者公开转让核准的公司,可以向沪深交易所申请上市。这其中包括在新三板公开转让的非上市公众公司。

……

至此,从证监会到交易所层面都明确了新三板的转板机制可以通过介绍上市的方式来实现。一些业界人士开始寄望于今年内能有两三个成功从新三板"介绍"到沪深交易所上市的案例,真正把这条公开发行之外的上市路走通。

多层次市场衔接机制

但是,目前发行审核体制的习惯性做法,以及人们的习惯性思维,却给这种本应有的市场机制套上了条条框框。具体到转板机制方面,很多市场人士习惯性地认为新三板公司在沪深交易所介绍上市必须有证监会的前置核准。

现阶段绝大多数的上市公司都是在公开发行后上市,并且证监会的发行审核事实上涵盖了交易所上市审核的内容。对于证监会出具发行批文的公司,沪深交易所也从未拒绝其上市。这就让交易所的上市审核成了摆设,而市场也容易误解为发行审核与上市审核是一回事情。

上述证监会相关负责人介绍说, 2006 年修订后的《证券法》已经将发行审核与上市审核区别开来,证监会负责公开发行的审核,而交易所负责上市审核。通过证监会核准公开发行或者公开转让的公司,都可以在沪深交易所申请上市。因此新三板挂牌公开转让的公司,只要满足上市标准，通过介绍上市在沪深交易所上市没有障碍。

交易所审核权可防监管套利

虽然介绍上市能够解决转板的问题，但还是引起了“监管套利”的担忧。昨天，证监会相关负责人也承认，公开发行核准与公开转让核准存在落差，后者不要求持续盈利，门槛显著低于前者。

“就好像是大闸蟹，普通池塘里的螃蟹放到阳澄湖里‘涮’一下，是不是就成了阳澄湖大闸蟹了？”上述负责人说，市场的担心有一定道理，但事实上介绍上市还需要满足一定的条件。

一方面，介绍上市是不融资的，如果转板时需要公开发行，仍然需要证监会的核准，包括上市后的再融资行为。

另一方面，沪深交易所会依据自己的上市标准对提出介绍上市申请的新三板公司进行审核。这道程序将保证交易所的上市公司都满足一定的条件，比如股本规模和股权结构等，以及三年内没有重大违规等。

此外，新三板尽管没有财务门槛，但是对挂牌公司在公司治理和规范运作，以及强制信息披露方面的要求与沪深交易所没有实质性的差别。在新三板持续挂牌一段时间的企业，规范度应该与上市公司趋同。

从沪深交易所的角度看，介绍上市将为两家交易所提供新的上市公司来源，并且赋予其实质意义的上市审核权。《证券法》允许沪深交易所制定更高的上市标准，未来两家交易所围绕吸引公司上市，以及维护挂牌公司质量两个方面，将展开更深层次的竞争。这无疑有利于促进证券交易所的市场化进程。

资料来源：http://www.ccstock.cn/sanban/sanbannews/2013-03-01/A1083513.html。

新闻链接

深交所：新三板申请转板公司须达到必要条件

第十二届全国人大代表、深圳证券交易所总经理宋丽萍周日在出席2013年证监会系统代表委员记者见面会时表示……新三板申请转板的公司，必须要达到一定的挂牌年限和一定程度的股权分散度，以及公司治理和信息披露等方面的规范要求。同时，转板的主要财务条件，应与《新上市规则》和《退市公司重新上市实施办法》规定保持一致。

资料来源：http://finance.people.com.cn/stock/n/2013/0311/c222942-20742034.html。

第二节

新三板的“另类”转板方式

除挂牌公司直接登陆交易所市场的转板方式外，已经有部分挂牌公司与交易所市场上市公司建立了股权关系，其中有的直接为上市公司所控制，纳入上市公司的合并报表，已经是上市公司的一部分。

表 4-3　上市公司控股及直接持股挂牌公司一览表

挂牌代码	挂牌简称	上市公司股东	上市代码	持股比例	备注
430139	华岭股份	上海复旦	8102. HK	64. 90%	控股股东
430019	新松佳和	机器人	300324. SZ	46. 43%	控股股东
430227	东软慧聚	东软集团	600718. SH	80. 28%	间接控股
430025	石晶光电	中原特钢	002423. SZ	36. 22%	第 2 大股东
430056	中航新材	中航三鑫 中航科工	002163. SZ 2357. HK	23. 36% 4. 13%	第 2 大股东 第 3 大股东
430004	绿创设备	紫光股份 北新建材	000938. SZ 000786. SZ	14. 97% 10. 00%	第 2 大股东 第 5 大股东
430003	北京时代	紫光股份	000938. SZ	14. 66%	第 2 大股东
430071	首都在线	二六三	002467. SZ	4. 99%	第 5 大股东
430017	星昊医药	双鹭药业	002038. SZ	8. 96%	第 2 大股东
430240	随视传媒	华谊兄弟	300027. SZ	8. 00%	第 5 大股东
430059	中海纪元	启明星辰	002439. SZ	3. 52%	第 5 大股东

续表

挂牌代码	挂牌简称	上市公司股东	上市代码	持股比例	备注
430382	元亨光电	大族激光	002008. SZ	51. 00%	控股股东
430399	湘财证券	新湖中宝	600208. SH	3. 44%	第 3 大股东
		华升股份	600156. SH	2. 29%	第 5 大股东
		电广传媒	000917. SZ	1. 13%	第 6 大股东
430530	云铜科技	云南铜业	000878. SZ	18. 89%	第 2 大股东
430462	树业环保	星辉车模	300043. SZ	28. 50%	第 3 大股东
430653	同望科技	久其软件	002279. SZ	20. 35%	第 2 大股东

除上市公司直接持股新三板公司外,还有部分上市公司间接持股新三板公司。如中国宝安(000009)参股 49. 5% 的中国风险投资有限公司持有合纵科技(430018)3. 65% 股权;浙报传媒(600633)也间接持有随视传媒 13. 1% 的股份等。

上市公司持有新三板挂牌公司的目的不同,其控股或参股的模式也不同。

一、上市公司控股挂牌公司

无论是子公司和母公司谁先挂牌或上市,在上市公司(间接)控股挂牌公司的 4 个案例中,挂牌公司均由上市公司设立,并且在业务上联系较为相近或互补,挂牌公司与上市公司已经形成一个整体。

(一)子公司先挂新三板,母公司后上市

2003 年,北京新松佳和电子系统股份有限公司(简称“新松佳和”)前身成立,沈阳新松机器人自动化股份有限公司(简称“机器人”)作为主要发起人持股 57. 14% 。新松佳和的主要产品为抗恶劣环境领域产品和通用控制领域产品。机器人主要产品为工业机器人、智能物流、自动化成套装备、洁净装备等。

2006 年 7 月 26 日,新松佳和增资扩股,机器人持有新松佳和的股份比例降至 46. 43% 。为保持对新松佳和的控制,机器人与新松佳和 2 名

自然人股东签订了《一致行动协议书》，约定2名自然人股东在新松佳和股东会、董事会的表决中与机器人采取一致行动。根据上述《一致行动协议书》，机器人实际控制新松佳和69.71%的表决权。

2007年，新松佳和在新三板挂牌。

2009年，机器人成功登陆创业板。上市前，机器人及与之签订《一致行动协议书》的新松佳和2名自然人承诺，机器人上市后24月内不转让所持有的新松佳和股份，不向新松佳和董事会、股东大会提出新松佳和转板或拆分上市的提案，不就上述事宜的表决投赞成票。

（二）母公司先上市，设立子公司挂新三板

2001年，已经在中国香港上市的上海复旦微电子集团股份有限公司（简称“上海复旦”）设立了上海华岭集成电路技术股份有限公司（简称“华岭股份”）的前身，持股比例90%。

经过历次增资和股权转让，在2012年华岭股份挂牌新三板时，上海复旦的持股比例降为64.90%。

上海复旦主要从事超大规模集成电路的设计、开发和提供系统解决方案。华岭股份则为各类集成电路企业提供测试整体解决方案及多种测试增值服务。

（三）上市公司收购子公司后，分拆子公司挂牌

2009年12月，于2004年上市的深圳市大族激光科技股份有限公司（简称“大族激光”）收购并同时增资深圳市元亨光电股份有限公司（简称“元亨光电”）。投资完成后，大族激光持有元亨光电51%的股份。该项投资不构成关联交易。

经过历次增资和股权转让，至2014年元亨光电挂牌前，大族激光仍持有元亨光电51%的股权。

就元亨光电挂牌事项，大族激光发布公告称：

（1）元亨光电主要从事LED显示屏、LED照明等LED应用产品的技术开发、生产、销售、安装及售后服务，业务、资产不属于上市公司的核心

业务资产,挂牌事宜不影响上市公司核心资产及业务的独立经营及持续盈利能力。

(2)公司存在部分 LED 产业领域的其他子公司,为避免发生同业竞争的可能,公司及实际控制人制定了相关解决措施。2011 年以来,元亨光电于与公司发生的关联交易占比很小且定价公允。

(3)本公司的董事、监事、高级管理人员未直接或通过上市公司以外的机构间接持有元亨光电的股份。本公司与元亨光电高级管理人员不存在交叉任职的情形。

(4)元亨光电未涉及本公司募集资金投入使用的情况。

(5)元亨光电 2012 年末总资产、净资产、2012 年度净利润占公司(合并报表)比例分别为 2.55%、2.15%、2.05%,主要财务指标占上市公司的比例很低,元亨光电本次挂牌对上市公司维持独立上市地位、持续盈利能力无重大影响。

(6)本公司未来 3 年存在通过全国中小企业股份转让系统增持或减持所持有的元亨光电股份的可能,但尚未形成明确的增减持计划。

大族激光主要从事激光加工设备的研发、生产和销售。

(四)上市公司间接控股挂牌公司

2007 年 5 月,辽宁东软创业投资有限公司(简称“东软创投”)和 1 名自然人共同出资设立北京东软慧聚信息技术股份有限公司(简称“东软慧聚”)前身,东软创投持股比例为 60%。1996 年上市的东软集团股份有限公司(简称“东软集团”)为东软创投的控股股东。

经过数次股权转让和增资,在 2013 年东软慧聚挂牌新三板时,东软创投持有其股份增加至 80.28%,东软集团持有东软创投 60% 股权。

东软集团主要从事软件与系统集成业务。东软慧聚主要从事 ERP 咨询和运维服务业务。东软集团将东软慧聚纳入合并报表。

二、上市公司参股挂牌公司

上市公司参股新三板公司的方式有很多,在已有的案例中,石晶光电和中航新材分别与上市公司（股东）属同一控制下的企业，有较深的历史渊源，星辉车模与树业环保则构成产业链上下游关系，久其软件与同望科技则业务领域相近。上市公司的参股一般有完善产业链或者支持挂牌公司发展的目的。而紫光股份参股两个挂牌公司的意图则十分明显——通过股权的买卖获取差价，双鹭药业持股星昊医药、华谊兄弟持股随视传媒、启明星辰参股设立中海纪元，以及湘财证券的三个上市公司股东究竟是像紫光股份一样是为了获得买卖差价盈利还是出于业务发展的考虑，现在还不能肯定。

（一）上市公司参与发起设立新三板公司

2003年，由南方工业资产管理有限责任公司（简称“南方资产”）作为主发起人，在中原特钢股份有限公司（简称“中原特钢”）下属的特殊钢水晶厂整体改制的基础上，发起设立了北京石晶光电科技股份有限公司（简称“石晶光电”）的前身。中原特钢持股比例为36.22%，为第2大股东。中国兵器装备集团公司是南方资产和中原特钢的控股股东，是石晶光电的实际控制人。

2008年，石晶光电在新三板挂牌。

2010年，中原特钢在中小板上市。

石晶光电主要生产压电石英晶体原晶、棒材、板材、厚度片、频率片，光学石英晶体原晶、毛坯片及抛光片。

中原特钢主要从事工业专用装备及大型特殊钢精锻件的生产销售。

另有北京启明星辰信息技术股份有限公司参股设立北京中海纪元数字技术发展股份有限公司的前身，但持股比例较低，且在后续的增资转让过程中被进一步稀释，本书不再赘述。

（二）上市公司参与挂牌公司的定向增发

1. 同一控制下上市公司参与挂牌公司定向增发

北京航材百慕新材料技术工程股份有限公司（简称“中航新材”）的前身于1996年由中国航空工业第一集团公司北京航空材料研究院（简称

"北京航材院")全资下属企业北京环航表面技术工程公司出资设立。

1999年,中航新材进行改制。改制后,北京航材院出资比例为58%;北京航材百慕进出口公司出资比例42%。

经过历次增资和股权转让,2009年6月中航新材登陆新三板时,北京航材院持有其87.69%的股份。中航新材的主营业务为涂料产品的研发、生产、销售和涂装工程施工业务。

2003年,中国航空科技工业股份有限公司(简称"中航科工")在中国香港联交所主板上市,主要产品包括各种类型的直升机、教练机、通用飞机航空零部件、航空电子产品及附件。

2007年,中航三鑫股份有限公司(简称"中航三鑫")登陆中小板,主要从事幕墙工程、玻璃及其深加工。

中国航空工业集团公司为上述2家上市公司以及中航新材的实际控制人。

2012年,中航新材以定向发行的方式增资1700万股,募集资金6834万元。募投项目为建设7万吨先进功能涂料研发及工程中心。中航三鑫此次认购1245.12万股,占中航新材增发后总股本的23.36%,成为中航新材第二大股东;中航科工认购220万股,占中航新材增发后总股本的4.13%,成为中航新材第三大股东;北京航材院的持股比例降为60.11%。

2. 上市公司以资产认购挂牌公司增发股份

北京首都在线科技股份有限公司(简称"首都在线")前身成立于2005年,由曲宁、毕名武和二六三网络通信股份有限公司(简称"二六三")共同出资设立。二六三以固定资产出资50万元、货币出资50万元,持股比例为40%。

2008年,二六三将其持有的首都在线全部股权转让给曲宁。

2010年,首都在线登陆新三板,主营业务为向客户提供互联网数据中心服务。

2012年,首都在线向二六三定向增发,二六三以其所拥有的"首都在线"商标资产认购首都在线80.68万股,作价484.08万元,增发完成后,二六三持有首都在线 4.99% 的股份，为其第五大股东。

二六三于 2010 年在中小板上市交易，主营增值通信业务、企业通信业务。

（三）上市公司在挂牌前参股新三板公司

上市公司在挂牌前参股新三板公司的案例中，紫光股份参股北京时代的情况与其参股绿创设备的方法基本相似，华谊兄弟参股随视传媒的模式与双鹭药业参股星昊医药的模式基本类似。因此为节约篇幅，本书仅对绿创设备和双鹭医药两个案例进行说明。

1. 主营业务不相关的参股情况

北京绿创环保设备股份有限公司（简称“绿创设备”）前身于 1998 年成立。

在 2000 年增资扩股时，清华紫光股份有限公司（简称“紫光股份”）投资 1950 万取得 22.49% 的股份，为绿创设备第二大股东，北新集团建材股份有限公司（简称“北新建材”）投资 867 万元，获得 10.00% 的股份，为绿创设备第四大股东。

2006 年，绿创设备登陆新三板。主要业务为汽车三元催化器和汽车消声器的设计、制造和销售；环保设备及环保工程承揽；环保设备代理及进出口业务。

北新建材于 1997 年在深圳主板上市，主要从事建材产品石膏板的生产销售。

紫光股份于 1999 年在深圳主板上市，主要研发电子信息产品。

紫光股份从 2007 年开始逐渐减持绿创设备的股份，到 2012 年年底，持有比例降为 14.97%，但仍为绿创设备第二大股东。北新建材持股数量和比例没有变化，到 2012 年年底，为绿创设备第五大股东。

2. 主营业务相近的参股情况

2000 年，5 名自然人发起成立北京星昊医药股份有限公司（简称“星昊医药”）前身。

2001 年，通过股权转让，上海华源制药股份有限公司（原为上市公司，简称“华源制药”）持有星昊医药30%的股份。

2002年，丽珠医药集团股份有限公司（1993年在深圳主板上市，简称“丽珠集团”）以增资扩股方式持有星昊医药10%的股权，华源制药持股比例降为27%。

2004年，华源制药和丽珠集团将其所持的星昊医药全部股权转出。

2007年，北京双鹭药业于股份有限公司（简称“双鹭药业”）以股权转让的形式获取星昊医药12%的股权，为其第二大股东。同年，星昊医药挂牌新三板，主要产品为天然药物、化学药物、药物新型制剂。

2012年，因为星昊医药定向增资，双鹭药业持股比例降为8.96%，仍为其第二大股东。

双鹭药业于2004年登陆中小板，主营业务为生物、生化药。

3. 使用超额募集资金参股的情况

2009年8月从新三板转板至中小板的久其软件于2011年3月发布公告称，拟使用超额募集资金共计4995万元对广东同望科技股份有限公司（简称“同望科技”）进行投资，拟以2997万元购买其股权，并以1998万元对其进行增资。购买股权并增资事项完成后，久其软件合计持有同望科技750万股股份，占其总股本的20.35%，成为其第二大股东。

久其软件购买股权并增资的目的主要是由于同望科技专业从事工程项目管理、协同办公、系统集成三大领域相关业务的管理研究和信息化技术开发，与久其软件在产品和解决方案方面互补、在市场拓展方面能够共享客户资源，实现双赢，符合久其软件的战略规划，对公司拓宽业务领域、持续经营发展将产生积极影响。

同望科技于2014年1月挂牌。挂牌前，久其软件仍持有同望科技20.35%的股份，仍为其第二大股东。

第三节

新三板未来内部分层的探讨

参照成熟资本市场的做法，当交易所挂牌或上市企业家数足够大时，将对市场进行分层管理，如大家所熟知的美国纳斯达克市场就在其内部分为纳斯达克全球精选市场、纳斯达克全球市场以及纳斯达克资本市场三个层次。系统公司的相关领导也曾在公开场合表示未来会在新三板内部进行划型分层，对不同层次的挂牌公司，实行不同的财务指标和信息披露要求，并提供更多的交易方式选择。未来的挂牌公司可能会面临着在新三板内部升降市场的选择和要求。届时，如何在新三板内部实现转板可能成为市场讨论的热点话题。

在此，可以参照美国的场外市场的分层做法以及中国台湾场外市场的转板制度来展望未来新三板出现的分层安排。

一、美国 OTC Markets(柜台交易集团)的分层安排

目前美国最大的场外市场莫过于 OTC Markets,整个市场有 1 万余只股票挂牌交易,它由大家熟知的粉单市场(Pink Sheet)转变而来①。根据公开披露的信息,按照从高到低的层级,OTC Markets 可以分为 OTCQX、OTCQB、OTC Pink 三个主要层次。

(一)OTCQX 的情况简介

OTCQX 是 OTC Markets 中公司质量最高的层级,专门为场外市场中规模最大、流动性最好的投资者友好型公司成立。它为美国和全球公司提供高效的交易、透明的信息披露,并为打算升级到纳斯达克证券市场的公司创造条件。想要在 OTCQX 上市的公司必须满足较高的财务标准,及时披露信息,并且由专业的第三方顾问保荐。

截至 2013 年底,OTCQX 有 300 余家世界级的公司在该层次挂牌(如阿迪达斯),总市值 1.7 万亿美元,年成交额 295 亿美元,单只股票的年成交额平均为 7800 万美元。

OTCQX 具体又分为 OTCQX 国际板和 OTCQX 美国板。

1. OTCQX 国际板

顾名思义,OTCQX 国际板面向在非美国证券市场上市的国际公司,允许其在此二级市场向美国投资者开放。国际板又具体分为普通国际板(OTCQX International)及领先国际板(OTCQX International Premier)。

(1)普通国际板上市要求如下:

---

① OTC Markets 于 1911 年由 NQB(美国国家报价局,私人设立)建立,美国国家报价局每天从做市商那里汇总报价,将这些报价印在粉红色长纸条上,所以最初这一市场也被称为“粉单市场”。粉单市场的公司通常都是规模很小并且公众持股量非常有限的流通性很低的公司。很多粉单公司并不准备审计过的财务报表,也不将财务报表递交给 SEC,更没有进行任何公开的披露,所以对投资者而言,很难了解到这些公司可靠的公正的信息。因此,通常认为在粉单市场上挂牌的公司具有很高的交易风险。粉单市场就这样延续了几十年,1997 年美国国家报价局被收购,从而将粉单报价模式转变为电子化报价交易平台。2000 年,NQB 更名为 Pink Sheets LLC,再后来更名为 Pink OTC。2010 年 11 月,再次更名为 OTC Markets Group。

在被认证的国际交易所上市[①]；

有美国主要联络机构；

履行规定的信息披露义务；

通过经纪商—交易商在电子交易系统上公开报价；

符合《蓝天法》[②]要求，并允许经纪商—交易商在最多38个州为其保荐；

拥有满足细价股豁免条件的普通股[③]。

(2)领先国际板的要求如下：

满足在普通国际板的所有要求；

满足纽约证券交易所全球标准的具体要求。

(3)普通国际板和领先国际板的具体财务要求如下表4－4所示：

表4－4　OTCQX国际板的财务指标要求

	普通国际板	领先国际板	
总资产	200万美元	200万美元	
	必须满足下列条件之一	必须满足A或B	
		A	B
净有形资产	100万美元		
净利润	50万美元		
收入	200万美元	1亿美元	7500万美元
全球市值	500万美元	5亿美元	7.5亿美元
最近3年的总现金流		1亿美元	
最近两年每年的最小现金流		2500万美元	

注：(1)所有要求均为最近一年财务数据；

(2)领先国际板的要求涵盖了部分纽约交易所上市要求。

资料来源：以上资料整理自OTC Markets官方网站。

① 具体名单见 http://www.otcmarkets.com/services/companies/otcqx－international/qualified－exchange－list。

② 美国各州对投资公司、经营公司的债券买卖进行监督和保护投资者免遭欺诈的《公司证券欺诈防治法》俗称。

③ 在场外市场交易的股票因其股票价格偏低常被称作“细价股”或“低价股”，美国证券交易委员会规定每股低于5美元的股票被称作低价股。

2. OTCQX 美国板

OTCQX 美国板则面向高成长的美国企业或无须向美国证券交易委员会(SEC)注册的公司,但必须满足较高的财务标准。美国板又具体分为普通美国板(OTCQX U. S.)及领先美国板(OTCQX U. S. Premier)。

(1)普通美国板的具体上市要求如下:

通过经纪商—交易商公开报价;

有正在持续运作的业务,不是壳公司,企业不受到破产的威胁,也不处于重组过程;

拥有满足细价股豁免条件的普通股;

90 个交易日内公司股票的买盘价不低于 0. 1 美元;

拥有至少 50 名获益股东,每名股东至少持有 100 股普通股;

2 年的审计报告;

在 SEC 注册的证券必须仍在对 SEC 持续报告,非 SEC 注册公司则需满足替代报告标准;

符合《蓝天法》要求,并允许经纪商—交易商在最多 38 个州为其保荐;

保荐机构出具推荐函。

(2)领先美国板的上市要求如下:

90 个交易日内公司股票的买盘价不低于 1 美元;

拥有至少 100 名获益股东,每名股东至少持有 100 股普通股;

满足 NASDAQ 资本市场关于持续上市的财务要求;

每年都举行股东大会;

满足普通美国板的所有上市要求。

(3)普通美国板和领先美国板的具体财务要求如表 4 – 5 所示:

表 4-5 OTCQX 美国板的财务指标要求

	普通美国板	领先美国板
总资产	200 万美元	200 万美元
公众持股的市值		100 万美元
公众持股数		500000 股
	必须也符合下列条件之一	必须也符合下列条件之一
收入	200 万美元	近三年年均收入 600 万美元
净有形资产	100 万美元	运营三年以上的公司为 200 万美元，三年以下公司为 500 万美元
		同时，必须符合下列条件之一
净利润	500000 美元	最近一年或最近三年中两年的净利润达到 500000 美元
股东权益		250 万美元
上市证券的市场价值	500 万美元	3500 万美元

注：(1)所有数据均为最近一年财务数据；
(2)领先美国板的要求包含 NASDAQ 资本市场持续上市的标准；
(3)公众股 = 总股本 - 职工持股 - 持股 10% 以上的获益股东持股。
资料来源：以上资料整理自 OTC Markets 官方网站。

(二)OTCQB 的情况简介

OTCQB 是 OTC Markets 的中间层市场，主要面向对美国监管机构(如 SEC、银行、保险)进行报告的小型或发展中的美国创业阶段公司。因 OTCQB 无最低财务标准，它包含向监管机构披露的壳公司股票和细价股。OTCQB 市场已经有效地代替了美国金融业监管局(FINRA)运营的 OTCBB 市场(OTC Bulletin Board)，成为向 SEC 注册和银行报告的主要场外交易市场。

OTCQB 采用电子报价系统，交易价格透明并及时披露。在 OTCQB 挂牌的公司超过 3000 家，其中 2300 余家直接向 SEC 报告，共包括 650 余家银行和储蓄机构、150 余家国外公司和 300 余家壳公司。

（三）OTC Pink 的情况简介

OTC Pink 通过经纪商提供多样化的股票。此市场面向所有类型的公司，甚至包括有可能违约的、陷入破产危机的以及重组的公司，因此 OTC 粉单市场特别提示投资者："如果发现一个公司没有提供高质量的信息披露，在做任何投资决策之前，需要特别谨慎和小心"，并根据信息披露等级将粉单市场进行进一步划分。分为即时信息披露层（Current Information）、有限信息披露层（Limited Information）和无信息披露层（No Information）。

1. 即时信息披露层

即时信息披露层的公司遵循国际报告标准或 OTC Markets 制定标准即时进行信息披露，要求在财年结束后 90 天内披露年报，每个财务季度结束后的 45 天内披露季报，财务报告必须遵循美国会计准则或国际会计准则，但不要求审计。这一层次的公司包括壳公司、处于发展阶段但无实际运营的公司或无审计报告的公司。

2. 有限信息披露层

这个层级专为财务报告有问题、经济窘迫或陷入破产的公司所设，这些公司所能提供的公开信息非常有限。当然，这一层次中也有公司可能并没有经营问题，而是不愿意遵守较严格的及时信息披露要求。

此层级公司仅披露 6 个月内的财务信息。财务报告必须根据美国会计准则来准备，但是不要求审计，也无须提供现金流量表。

有限信息披露层的标识为"▽"。

3. 无信息披露层

这一层级的公司不能够或不愿意向监管机构、交易所或是 OTC Markets 提供公开市场信息，即使他们有披露，信息也是 6 个月前的。此层级公司包括已停止经营的公司，或者管理和信息披露均有问题的公司。对这类公司，投资者应该抱着怀疑的眼光，这些证券也应被视为具有极高风险。

无信息披露层被标识为"STOP"。

除有限信息披露层和无信息披露层的标识外，OTC Markets 还在官网上列示了两个其他标记：买家当心（Caveat Emptor）和灰色市场（Grey Market）。

被标以买家当心的公司可能涉及了公众关注的事件。例如垃圾邮件活动、不合理的股票促销、公司或公司内部人士因欺诈活动遭受调查、被监管部门暂停交易或存在突发性事件。在被标记为“买者当心”公司的时期，OTC Pink 及时信息披露层以下的公司将无法进行报价。

被标以灰色市场的证券没有做市商，它不在美国的任何证券交易所或 OTC Markets 上市、交易和报价。灰色市场标识的证券交易主要通过经纪商—交易商向自律组织（SRO）进行报告，自律组织再将这些数据发布给市场数据供应商和金融网站，因此投资者可以跟踪这类交易的价格和交易量。

二、中国台湾兴柜市场的转板制度安排

（一）中国台湾资本市场的层次

中国台湾证券市场分为四个层次：第一层次为台湾证券交易所，服务于大型蓝筹股企业，是集中交易市场，采取竞价交易制度；第二层次为证券柜台买卖中心（场外市场）的上柜市场，该市场服务于规模较小的成长型企业，采取竞价交易为主议价交易为辅的交易制度；第三层次为证券柜台买卖中心的兴柜市场，为未上市或未上柜的公司提供交易平台，由证券柜台买卖中心代为管理，采取传统型做市商交易制度；第四层次为盘商市场，是一个松散的，以盘商为中心的议价市场，采用议价方式进行交易。

2014 年 1 月，台湾证券柜台买卖中心推出“创柜板”，意为协助富有创意、创新的微型企业顺利筹措资金，但仅提供融资及辅导两大功能，不涉及公开发行。

表4-6 中国台湾证券市场交易制度比较

市场类型及名称		主要交易制度	是否自动撮合
中国台湾证券交易所		竞价交易	是
场外市场	上柜市场	竞价交易	是
	兴柜市场	传统型做市商制度	否
	盘商市场	议价方式	否

(二)从兴柜市场向上柜市场转板的要求

中国台湾兴柜市场与上柜市场之间已经建立了相对规范的转板制度。

和大陆的新三板一样,登陆兴柜市场并无财务指标要求,但如果有公司想要在上柜市场挂牌交易,该公司必须在兴柜市场挂牌交易满6个月,还需要符合一系列的条件方可申请转板:

(1)实收资本额新台币5000万元以上。

(2)最近一个会计年度税前利润不低于新台币400万元,且税前利润占股本之比比率符合下列标准(科技行业不受此限):最近一年度达4%,且无累计亏损;最近2年度都达到3%,或者平均达3%且最近1年度较前一年度增长。

(3)公司内部人及该等内部人持股超过50%的法人以外的记名股东人数不少于300人,且其所持股份总额合计占发行股份总额20%以上或超过1000万股(公用事业行业不受此限制)。

(4)申请上柜时必须对外公开承销新股(公用事业行业除外),承销比例不得低于拟上柜股份总数的10%,且不得低于100万股。如果申请上柜时,公司在兴柜市场交易没有满2年,则在兴柜市场上向券商发行的股份数量,可以从申请上柜时拟对外公开承销新股数量中扣除,但扣除额不得超过拟对外公开承销新股数量的30%。

(三)申请转板上柜及审批流程[①]

中国台湾兴柜市场申请上柜的程序较为复杂，和大陆的 IPO 程序较为相似，但多出实地审核环节，整个审查流程需要 4～5 个月。

(四)柜台买卖中心的转板及退市的数据情况

由于转板和退市制度相对完善，中国台湾柜台买卖中心的转板和退市都相当活跃。

截至 2012 年，在上柜市场挂牌交易的公司累计达 1097 家，其中累计转板（交易所市场上市[②]）的公司数量达 307 家，占比 28%；累计下柜的公司数量为 152 家，占比约 14%。2012 年年末，在兴柜市场挂牌交易的公司积累达 1252 家。其中，累计转向交易所市场的公司有 160 家，占比约 13%；累计转向上柜市场的有 550 家，占比 44%；累计退出兴柜市场的公司 257 家，占比约 21%。

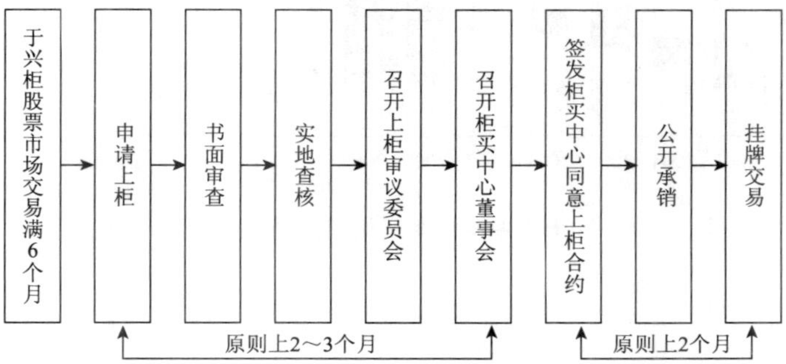

图 4－1 中国台湾兴柜市场公司申请上柜的程序

① 详细流程见 http://www.gretai.org.tw/ch/regular_emerging/apply_way/standard/standard.php。

② 从上柜市场或兴柜市场转向中国台湾交易所上市，履行正常 IPO 程序即可。

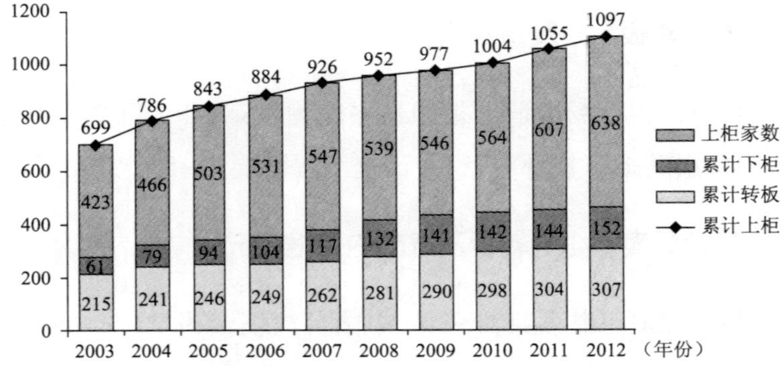

图 4-2　近十年中国台湾上柜市场转板退市情况一览①

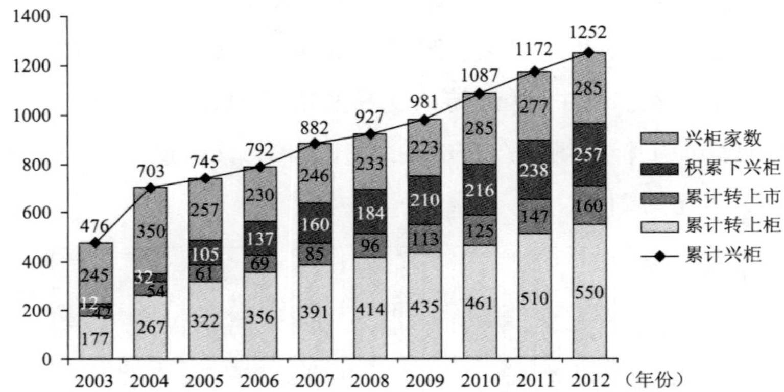

图 4-3　近十年中国台湾兴柜市场转板退市情况一览

① 本图与下图数据整理自中国台湾柜买中心《上兴柜宣传手册》。

第五章 Chapter 5

提升！ 不断强化的内核交易

作为新生事物，新三板存在可提升和完善的空间，比如市场一直诟病的交易问题。从历史数据来看，新三板成交极不活跃，平均每天仅2～3笔成交，平均每家挂牌公司的年成交金额在230万元左右，历年来年换手率最高仅5%左右。这样的成交量与交易所市场完全不可同日而语。为此系统公司在交易制度上推陈出新，希望能够通过推出多种交易方式、促进投资者的多元化、无涨跌幅限制等办法来提高新三板的流动性。

2006—2013年新三板交易情况一览

年份	2006	2007	2008	2009	2010	2011	2012	2013
成交笔数	194	499	479	874	635	827	638	989
成交股数（万股）	1332.6	4324.8	5380.7	10702.3	6886.3	9544.3	11455.5	20242.5
成交金额（亿元）	0.65	2.25	2.93	4.82	4.17	5.60	5.97	8.14

第一节
新三板交易制度创新

新三板的交易制度创新总结起来有以下几个方面：

一、多元化的交易方式

根据2013年12月30日修订的《业务规则》和《全国中小企业股份转让系统股票转让细则(试行)》(简称“《股票转让细则》”)，新三板可以采取协议方式、做市方式、竞价方式三种股票转让方式进行交易，但挂牌公司只能在三种转让方式中选取一种作为日常股票交易方式，经过向系统公司申请，可以转换转让方式。

(一)协议转让方式下的创新

协议转让方式在系统公司成立之前就已经存在，但为了促进成交并形成连续的公允交易价格曲线，系统公司为选择协议转让方式的挂牌公司，同时提供集合竞价转让安排，配套推出匹配成交制度，在每个转让日的收盘时点，按照时间优先原则，将未成交的定价申报进行匹配成交。此举可以部分降低投资者之间一对一的协商成本，提高成交效率。

（二）新引入做市商交易制度

新引入的做市商交易制度被认为是我国资本市场领域交易方式的最大突破。相对协议转让和竞价交易而言，做市商制度对中国大部分投资者来说还较为陌生。

“做市商制度也称报价驱动制度，是指在场外交易市场上，由具备一定实力和信誉的证券经营法人作为特许交易商，不断地向公众投资者同时报出某些特定证券的买卖价格，并在该价位上接受公众投资者的买卖要求，以其自有资金和证券与投资者进行证券交易的一种机制。做市商与客户交易时不收取佣金，而是通过买卖报价的适度差额来弥补提供做市服务时所发生的成本支出，同时实现一定的利润。”①

《业务规则》规定，如果挂牌股票采取做市转让方式的，必须有 2 家以上从事做市业务的主办券商（简称“做市商”）为其提供做市报价服务。做市商有义务在股份转让系统持续发布买卖双向报价，并在报价价位和数量范围内履行与投资者的成交义务。一旦采取做市转让方式，投资者之间互相将不能成交，必须通过做市方式成交。

由此可见，做市商在靠买卖差价获取利润的同时，也肩负一些强制性义务：

（1）做市商的首要任务是提高市场的流动性，增强市场对投资者的吸引力，因此必须按照规定的频率持续向买卖双方进行报价。

（2）为了避免做市商在开展做市业务时利用信息优势和资金优势，通过单独或者合谋，以串通报价或相互买卖操纵股票转让价格，损害投资者利益，做市商买卖报价的价差必须维持在规定的最大比例或限额之内，以保持证券价格和市场的稳定性。

（3）做市商有义务公开其所做市股票的买卖报价、交易规模，以加速公众投资者信息获取，形成理性的成交价格。这是因为做市商所报的价格是在综合分析市场所有参与者的信息以及衡量自身风险和收益的基础

---

① 赵克斌．国外场外交易市场做市商制度借鉴[J]．中国证券，2012(5)．

上形成的，做市商的报价反过来又影响投资者的决策，如此相互作用，促使证券价格逐步向其内在价值靠拢。

做市商在履行义务的过程中，其理想情况是双向报价而产生的双向成交量正好相等，取得稳定的价差收益，然而在实际交易中却很难做到。如果做市商报出的卖出价过高（偏离股票的内在价值），按照做市商买卖双边报价的比例要求，其报出的买入价也会较高，其他投资者则会将手中的股票大量抛售给做市商，而做市商报出的卖价又无人接盘，做市商将会大量持有该股票，形成较大的存货风险。反之，如果做市商报出的买入价过低（偏离股票的内在价值），按照做市商买卖双边报价的比例要求，其报出的卖出价也会较低，其他投资者则会在大量买入做市商手中股票的同时惜售，使得做市商在市场上无股票可买，当库存股下降到一定程度时，无法履行做市商的职责，做市商为维持其做市商资格，将被迫高价买入一定的股票，从而导致亏损。因此，做市商将面临一定的市场风险。

主办券商一旦成为某只股票的做市商，就必然已经是该挂牌公司的股东，因此，系统公司要求“主办券商开展做市业务，不得干预挂牌公司日常经营，其业务人员不得在挂牌公司兼职”。但为了不影响做市商的正常持股，系统公司也对做市商持股情况进行了两项豁免：

一是，按照规定，当主办券商直接或间接合计持有申请挂牌公司7%以上的股份，或者是其前五名股东之一，主办券商不得推荐申请挂牌公司股票挂牌。但如果主办券商以做市为目的持有申请挂牌公司股份，不受此限制。

二是，主办券商为开展做市业务而取得的控股股东及实际控制人所控制的股票，不受限售要求的限制。

（三）将连续竞价交易机制引入新三板

《股票转让细则》明确指出：“股票竞价转让采用集合竞价和连续竞价两种方式。”股票竞价的两种方式都是A股场内市场的主要交易方式，为普通投资者所熟悉。其中，连续竞价这种“对买卖申报逐笔连续撮合的竞价方式”，主要还是应用在场内交易所，因此，这一交易机制的引进，实际上是新三板未来分层管理的主要制度基础之一。目前，虽然还未明确连续竞价交易方式的采用条件，但预计，只有达到一定的收入规模、利润规模，一定的股权分布条件以及公司治理和信息披露条件的挂牌公司，才能采用该种方式进行交易。这意味着，除了投资者适当性管理与场内市场有所不同，达到一定条件的挂牌公司的其他交易机制将和场内市场完全一样。

二、引入自然人投资者

提高交易活跃度的另一个方法就是促进投资者的多元化。根据《全国中小企业股份转让系统投资者适当性管理细则（试行）》（简称“《投资者适当性管理细则》”），新三板的合格投资者可以分为三类：

（一）机构投资者及金融机构管理的产品

根据规定，注册资本500万元人民币以上的法人机构以及实缴出资总额500万元人民币以上的合伙企业可以参与挂牌公司股票公开转让。

另外，集合信托计划、证券投资基金、银行理财产品、证券公司资产管理计划，以及由金融机构或者相关监管部门认可的其他机构管理的金融产品或资产，也可以申请参与挂牌公司股票公开转让。

对于不符合投资者适当性管理要求的投资者，可通过证券公司、基金公司等金融机构设计推出定向投资产品，间接参与挂牌证券的投资。

（二）自然人投资者

2013年之前，自然人投资者无法参与新三板的投资。2013年后，新三板对自然人投资者敞开了大门，但规定同时符合下列条件的自然人投资者才可以申请参与挂牌公司股票公开转让：

（1）投资者本人名下前一交易日日终证券类资产市值500万元人民币以上。证券类资产包括客户交易结算资金、在沪深交易所和全国股转系统挂牌的股票、基金、债券、券商集合理财产品等，信用证券账户资产除外。

(2)具有两年以上证券投资经验,或具有会计、金融、投资、财经等相关专业背景或培训经历。

投资经验的起算时点为投资者本人名下账户在全国股份转让系统、上海证券交易所或深圳证券交易所发生首笔股票交易之日。

对自然人投资者的引入,在2013年12月30日之前,投资者本人名下前一交易日日终证券类资产市值要求仅为300万元人民币以上,新修订的《投资者适当性管理细则》将个人投资者的资金规模要求和机构投资者提到了相同的位置,提高了个人投资者的门槛,说明监管层认为新三板的投资还是有较大风险的,需要投资者有一定的承受能力。

由于前后门槛的不一致,因此在《投资者适当性管理细则》中还规定"已经参与挂牌公司股票买卖的投资者保持原有交易权限不变",即"老人老制度,新人新制度":《投资者适当性管理细则》修订前,满足300万元人民币以上(含)资产要求且已参与全国股份转让系统的自然人投资者,合格投资人资格继续有效,可以买卖所有挂牌公司的股票。

案例链接　个人投资者参与挂牌公司定向发行

北方跃龙[北方跃龙科技(北京)股份有限公司],股份代码:430184,2012年12月挂牌。

《北方跃龙科技(北京)股份有限公司定向发行情况报告书》中披露:

(一)北方跃龙科技(北京)股份有限公司(以下简称"北方跃龙"或"公司")本次定向发行前公司股东11人,本次定向发行新增股东1人,发行后公司股东人数为12人,未超过200人。

(二)公司于2012年12月31日经审计的净资产为10066697.05元,每股净资产1.44元。公司与特定自然人投资者王彬生协商确定,以每股人民币1.85元认购108万股无限售条件的人民币普通股,融资总额为人民币199.80万元人民币(1.85元/股×108万股=199.80万元),未超过公司净资产的20%。

（三）根据国泰君安证券股份有限公司营业部出具的资产证明，本次定向发行认购人王彬生名下在出资日的前一个交易日日终证券类资产为3288772.83元人民币，超过人民币300万元。经查询中国证券登记结算有限责任公司证实王彬生首次股票交易日期为1995年11月2日，具有两年以上证券投资经验。

（请注意，该案例发生在2013年12月30日之前，所以对个人投资者的证券类资产认定仍以300万元为门槛。）

（三）挂牌公司的股东

这一类投资者包括挂牌公司的股东、通过定向发行持有公司股份的股东等。如挂牌公司的股东不符合前述的机构投资者和自然人投资者参与挂牌公司股票公开转让条件，则只能买卖其持有的挂牌公司股票。

可以看出，系统公司适当下调了投资者门槛、引入了个人投资者，但是仍十分强调新三板的投资者应当有能力识别、承受和控制风险，对参与挂牌公司股票公开转让等业务应采取审慎的态度。

三、控股股东及实际控制人的限售期

除了本书第三章中所提到的取消了对定向发行新增股票的限售要求外，《业务规则》还放松了对挂牌公司股东的限售要求，仅对控股股东及实际控制人有“两年三批”的要求，“挂牌公司控股股东及实际控制人在挂牌前直接或间接对持有的股票分三批解除转让限制，每批解除转让限制的数量均为其挂牌前所持股票的三分之一，解除转让限制的时间分别为挂牌之日、挂牌期满一年和两年”。

挂牌前股东的锁定期，可由股东协商后自愿锁定。

案例链接　股东对所持股份自愿锁定的承诺

美兰股份[美兰创新(北京)科技股份有限公司],证券代码430236,2013年7月2日挂牌。

根据《美兰创新(北京)科技股份有限公司公开转让说明书》:

股东对所持股份自愿锁定的承诺

公司股东徐长才、毛堂富、徐长全、熊言华承诺:"自公司股票在全国中小企业股份转让系统挂牌之日起24个月内,本人保证不转让或者委托他人管理本人在美兰股份挂牌前所持有的公司股份,也不由公司收购该部分股份。"

《业务规则》还规定,挂牌前十二个月以内控股股东及实际控制人直接或间接持有的股票进行过转让的,该股票的管理按照"两年三批"的规定执行,主办券商为开展做市业务取得的做市初始库存股票除外。

但新三板并未突破《公司法》中对股份限售的要求,股东的限售必须遵照《公司法》的要求执行,即"发起人持有的本公司股份,自公司成立之日起一年内不得转让……公司董事、监事、高级管理人员应当向公司申报所持有的本公司股份及其变动情况,在任职期间每年转让的股份不得超过其所持有本公司股份总数的百分之二十五……上述人员离职后半年内,不得转让其所持有的本公司股份……"

由于新三板无公开发行股份且属于场外市场,因此,在新三板挂牌交易的股票不受《公司法》"公司公开发行股份前已发行的股份,自公司股票在证券交易所上市交易之日起一年内不得转让"的限制。

根据《非公办法》,在公众公司收购中,收购人持有的被收购公司的股份,在收购完成后12个月内不得转让。

知识链接

交易所市场股票转让的限制性要求

相较新三板市场，交易所市场对股票转让的限制性要求要高得多。

《上海证券交易所股票上市规则》(2012 年修订)和《深圳证券交易所股票上市规则》(2012 年修订)《深圳证券交易所创业板股票上市规则》(2012 年修订)均规定：

"发行人首次公开发行股票前已发行的股份，自发行人股票上市之日起一年内不得转让。"

"发行人向本所申请其首次公开发行股票上市时，控股股东和实际控制人应当承诺：自发行人股票上市之日起三十六个月内，不转让或者委托他人管理其直接和间接持有的发行人首次公开发行股票前已发行股份，也不由发行人回购该部分股份。"

深交所《关于进一步规范创业板上市公司董事、监事和高级管理人员买卖本公司股票行为的通知》(深证上〔2010〕355 号)中还提出：

"三、上市公司董事、监事和高级管理人员在首次公开发行股票上市之日起六个月内申报离职的，自申报离职之日起十八个月内不得转让其直接持有的本公司股份；在首次公开发行股票上市之日起第七个月至第十二个月之间申报离职的，自申报离职之日起十二个月内不得转让其直接持有的本公司股份。"

"六、自上市公司向本所申报董事、监事和高级管理人员离职信息之日起，离职人员所持股份将按本通知规定予以锁定。"

"自离职人员的离职信息申报之日起六个月内，离职人员增持本公司股份也将予以锁定。"

四、其他交易规则

除上述几项主要的创新制度外，新三板还有如下值得关注的交易规则。

（一）股东人数可以超过 200 人

《业务规则》中明确“挂牌公司是纳入中国证监会监管的非上市公众公司，股东人数可以超过二百人”。

（二）新三板股票无涨跌幅限制

股份转让系统对股票转让不设涨跌幅限制。

但在实际操作中，系统公司可能会要求主办券商对以异常价格进行定价委托或意向委托的投资者进行提醒，要求其撤销该笔委托。

根据《全国中小企业股份转让系统过渡期股票转让暂行办法》异常价格包括但不限于以下情形：

“（一）同时低于挂牌公司上年度经审计的每股净资产值与每股面值 1 元；

“（二）涨幅高于挂牌公司股票前收盘价的 100%（若前日成交中存在以异常价格成交情形的，则以最近一个未发生异常成交的转让日收盘价为计价标准）。”

并且，系统公司要求主办券商对存在异常委托行为的投资者建立记录，进行持续动态管理。“对首次发生异常委托行为的投资者进行提醒；对再次发生异常委托行为的投资者予以警示；对三次以上发生异常委托行为的投资者，可在六个月内暂停接受其委托或终止证券买卖委托代理协议。”

根据《全国中小企业股份转让系统过渡期股票转让暂行办法》第三十四条，买卖双方投资者可以通过成交确认委托方式以异常价格进行转让，但应事先通过挂牌公司发布股票转让提示性公告。买卖双方投资者事先未公告即实施转让行为的，代理其买卖挂牌公司股票的主办券商应督促投资者在该转让行为发生后的两个转让日内，通过挂牌公司发布股票转让公告。

（三）大幅调低最低申报数量

《业务规则》中已经明确将买卖挂牌公司股票时最低申报数量由原来的3万股修改为1000股（在股份转让系统过渡期仍按3万股执行），股票转让单笔申报最大数量不得超过100万股。

第二节
协议与竞价转让交易规则

在本节和下节的内容中，将简单介绍三种转让方式下的主要交易规则。必须说明的是，无论在哪种转让方式下，投资者买入的股票，买入当日均不得卖出。

一、协议转让交易规则

（一）协议转让委托类型

在协议转让方式下，投资者的交易委托可以分为意向委托、定价委托和成交确认委托三种类型（意向委托将取消）。

意向委托是指投资者委托主办券商按其确定价格和数量买卖股票的意向指令。定价委托是指投资者委托主办券商按其指定的价格买卖不超过其指定数量股票的指令。成交确认委托则是指投资者买卖双方达成成交协议；或投资者拟与定价委托成交，委托主办券商以指定价格和数量与指定对手方确认成交的指令。意向委托不具有成交功能，定价委托和成交确认委托具有成交功能。

(二)申报与成交

协议转让方式下,接受申报的时间为每个转让日的9:15至11:30、13:00至15:00,成交确认时间为每个转让日的9:30至11:30、13:00至15:00。

1. 成交确认申报与定价申报的成交

股份转让系统按照时间优先的原则,将成交确认申报和与该成交确认申报证券代码、申报价格相同,买卖方向相反及成交约定号一致的定价申报进行确认成交。如系统中无对应的定价申报,该成交确认申报以撤单处理。

成交确认申报与定价申报可部分成交。当双方申报股票数量不一致时,以股票数量较少一方全部成交为原则进行撮合。成交确认申报未成交部分以撤单处理。

2. 成交确认申报之间的成交

股份转让系统对证券代码、申报价格和申报数量相同,买卖方向相反,指定对手方交易单元、证券账户号码相符及成交约定号一致的成交确认申报进行确认成交。

3. 定价申报之间的成交

每个转让日的15:00,全国股份转让系统按照时间优先的原则,将证券代码和申报价格相同、买卖方向相反的未成交定价申报进行匹配成交。

(三)开盘和收盘价的形成

采取协议转让方式的股票,当日该股票的第一笔成交价为开盘价;以当日最后30分钟转让时间的成交量加权平均价作为当日收盘价。

最后30分钟转让时间无成交的,以当日成交量加权平均价为当日收盘价。当日无成交的,以前收盘价为当日收盘价。

二、竞价转让交易规则

（一）竞价转让类型

竞价转让采用广大投资者所熟悉的集合竞价和连续竞价两种方式。

集合竞价，是指对一段时间内接受的买卖申报一次性集中撮合的竞价方式。连续竞价，是指对买卖申报逐笔连续撮合的竞价方式。

新三板市场每个转让日的9:15至9:25为开盘集合竞价时间，9:30至11:30、13:00至14:55为连续竞价时间，14:55至15:00为收盘集合竞价时间。

（二）申报与成交

在竞价转让方式下，接受限价申报的时间为每个转让日的9:15至11:30、13:00至15:00。每个转让日的9:20至9:25、14:55至15:00，不接受撤销申报；在其他接受申报的时间内，未成交申报可以撤销。每个转让日的9:25至9:30，只接受申报，但不对申报作处理。

1. 有效申报价格区间

股份转让系统对申报设置有效价格区间。开盘集合竞价的申报有效价格区间为前收盘价的上下20%以内。连续竞价、收盘集合竞价的申报有效价格区间为最近成交价的上下20%以内；当日无成交的，申报有效价格区间为前收盘价的上下20%以内。

不在有效价格区间范围内的申报不能参与竞价，暂存于交易主机；当成交价波动使其进入有效价格区间时，交易主机自动取出申报，参加竞价。

挂牌后无成交的股票，对申报不设置有效价格区间，即任何挂牌公司进入新三板后的第一笔股票交易的申报成交没有有效价格区间限制。

2. 成交的原则

股票竞价转让按价格优先、时间优先的原则撮合成交。

（1）集合竞价时，成交价的确定原则为：可实现最大成交量；高于该价格的买入申报与低于该价格的卖出申报全部成交；与该价格相同的买方或卖方至少有一方全部成交。集合竞价的所有转让以同一价格成交。

（2）连续竞价时，成交价的确定原则为：最高买入申报与最低卖出申报价格相同，以该价格为成交价；买入申报价格高于当时最低卖出申报价格时，以当时的最低卖出申报价格为成交价；卖出申报价格低于当时最高买入申报价格时，以当时的最高买入申报价格为成交价。

（三）开盘和收盘价的形成

在竞价方式下，开盘价通过集合竞价的方式产生。如果不能通过集合竞价的方式产生，则以连续竞价的方式产生。当日该股票的第一笔成交价即为开盘价。

收盘价亦通过集合竞价的方式产生。如果不能产生收盘价或未进行收盘集合竞价的，以该转让日最后一笔成交价为收盘价。当日无成交的，以前收盘价为当日收盘价。

第三节
做市转让方式规则

做市商即“经全国股份转让系统公司同意，在全国股份转让系统持续发布买卖双向报价，并在其报价数量范围内按其报价履行与投资者的成交义务”的证券公司。

根据规定，主办券商在全国股份转让系统开展证券经纪、证券自营和做市业务，应当分别开立交易单元；做市商开展做市业务，应通过专用证券账户进行。做市商证券自营账户不得持有其做市股票或参与做市股票的买卖。

一、挂牌公司采用和退出做市转让方式的要求

挂牌公司采用和退出做市转让方式时，都有一定的限制和要求。

（一）挂牌公司采用做市转让方式的要求

挂牌公司采取做市转让方式时，为其提供做市服务的做市商不得少于 2 家。当为挂牌公司做市的做市商不足 2 家时，且未在 30 个转让日内

恢复为2家以上做市商的，如挂牌公司未提出股票转让方式变更申请，其转让方式将强制变更为协议转让方式。

申请挂牌公司股票拟采取做市转让方式的，其中一家做市商应为推荐其股票挂牌的主办券商或该主办券商的母(子)公司。

(二)挂牌公司退出做市转让方式的要求

挂牌公司采取做市转让方式后，拟变更为协议或竞价转让方式时，需要事前征得其所有做市商的同意。

二、做市商的做市及持股要求

做市商的做市库存股票可通过股东在挂牌前转让、股票发行、在全国股份转让系统买入以及其他合法方式取得。如果做市商的库存股为控股股东及实际控制人直接或间接持有的股票转让而来，该库存股将不受“两年三批”的限制。

(一)做市商的最低持股要求

挂牌时采取做市转让方式的股票，初始做市商应当取得合计不低于挂牌公司总股本5%或100万股(以谁低为准)，且每家做市商不低于10万股的做市库存股票。除上述情形外，做市商在做市前应当取得不低于10万股的做市库存股票。

在做市服务期间，做市商持有库存股票不足1000股时，可以免予履行卖出报价义务，但应及时向系统公司报告并调节库存股票数量，最迟于该情形发生后第3个转让日恢复正常双向报价。

单个做市商持有库存股票达到挂牌公司总股本20%时，可以免予履行买入报价义务，但应及时向系统公司报告，并最迟于该情形发生后第3个转让日恢复正常双向报价。

(二)做市商的做市服务期限要求

挂牌时采取做市转让方式的股票和由其他转让方式变更为做市转让

方式的股票，其初始做市商必须为该股票提供至少6个月的做市服务，在此期间不得退出为该股票做市。

挂牌时采取做市转让方式的股票，后续加入的做市商在该股票挂牌满3个月后，才可以为该股票提供做市报价服务。后续加入的做市商必须为该股票提供至少3个月的做市服务。

做市商退出做市的，需要事前提出申请并经系统公司同意。做市商退出做市后，1个月内不能申请再次为该股票做市。

（三）做市商自动终止做市的情形

当股票摘牌或因其他做市商退出导致做市商不足2家而变更转让方式时，做市商自动终止为相关股票做市。

当做市商被暂停、终止从事做市业务或被禁止为某只股票做市时，做市商自动终止做市服务。

当做市商不再为挂牌公司股票提供做市报价服务的，应将库存股票转出做市专用证券账户。

三、做市交易的规则

（一）做市申报和时间要求

股份转让系统接受申报的时间为每个转让日的9:15至11:30、13:00至15:00。每个转让日的9:30至11:30、13:00至15:00为做市转让撮合时间。

做市商应最迟于每个转让日的9:30开始发布买卖双向报价，履行做市报价义务。做市商每个转让日提供双向报价的时间应不少于做市转让撮合时间的75%。

（二）做市报价规则

做市商每次提交做市申报应当同时包含买入价格与卖出价格，且相对买卖价差不得超过5%。相对买卖价差计算公式为：相对买卖价差＝（卖出价格－买入价格）/卖出价格×100%。

做市商提交新的做市申报后，前次做市申报的未成交部分自动撤销。

做市商前次做市申报撤销或其申报数量经成交后不足1000股的，做市商需要在5分钟之内重新报价。

（三）做市成交

做市转让方式下，股票买卖交易必须在投资者与做市商之间进行。投资者之间不能成交，做市商之间也不能在做市转让撮合时间内成交。

当投资者的申报买入价格等于或高于做市申报卖出价格，或者投资者的申报卖出价格等于或低于做市申报买入价格时，投资者的报价称之为“到价申报”。到价申报将与做市申报即时成交。

如果有2笔以上的到价申报，则按照价格优先、时间优先原则成交，成交价以做市申报价格为准。

当做市商更改报价，使得投资者的申报到价时，将按照价格优先、时间优先原则，将投资者的到价申报依次与该做市申报进行成交，成交价以做市申报价格为准。

（四）做市商之间的转让

为调节库存股，做市商可以在每个转让日的做市转让撮合时间之后的15:00至15:30，通过互报成交确认申报方式进行股票交易。

做市商之间转让股票，其成交价格应在该股票当日最高、最低成交价之间；当日无成交的，其成交价格不得高于前收盘价的110%且不低于前收盘价的90%。

做市商当日从其他做市商处买入的股票，买入当日不得卖出。但做市商在做市过程中买入的股票，当日可以卖出。

（五）开盘和收盘价的形成

开盘价为该股票当日第一笔成交价。收盘价为该股票当日最后一笔成交价。当日无成交的，以前收盘价为当日收盘价。

做市商的作用到底几何？这一问题在成熟的场外市场中早已得到了回答。中国台湾兴柜市场引入做市商制度后，换手率就从2003年的5%上升到近几年的30%～40%。因此，市场预计做市商制度将最大限度地为新三板注入流动性，重塑场外“市场”的交易内核，成为新三板爆发性成长最为关键的基础制度，也将为股东和投资者开拓出最重要的退出渠道。

知识链接

中国台湾兴柜市场做市交易的具体情况

一、兴柜市场做市商数量

2009—2013年台湾兴柜市场做市商家数一直稳定在30家左右。2013年，平均每家券商为35只股票进行做市，每只股票有3.7家做市商为其做市。

兴柜市场的做市商及做市股票基本情况表

年份	2013	2012	2011	2010	2009
登陆兴柜家数	261	285	277	285	223
推荐券商家数	28	29	30	30	30
推荐部位总数	974	987	1023	1438	987
平均每家推荐券商推荐家数	34.79	34.03	34.10	47.93	32.90
平均每档股票的推荐券商家数	3.73	3.46	3.71	5.05	4.41

注：①推荐部位总数以单一推荐券商每推荐一家兴柜股票为一个部位加以计算；②平均每家推荐券商推荐家数=推荐部位总数/推荐证券商家数；③平均每档股票的推荐券商推荐家数=推荐部位总数/登陆挂牌家数。

资料来源：www.gretai.org.tw。

根据《2012年台湾证券公会年报》中披露的信息，2012年中国台湾共有券商81家，其中47家为综合券商，34家为专业经纪券商；81家券商中有中国台湾本土券商63家，其中32家为综合券商。做市商家数基本与中国台湾本土的综合券商家数一致。

二、兴柜市场的成交情况

随着市场的不断发育,兴柜市场的成交日益活跃。兴柜市场成交值在中国台湾柜买市场总体成交值中的比重从2003年的1.5%上升至2013年的7.17%,成交量占比也从2003年的1.06%上升至2013年的7.61%。成交值周转率则从2003年的4.99%上升至2013年的43.96%,达到峰值。2003—2013年,兴柜市场的年平均市盈率最低为15倍,最高为468倍。

兴柜市场的成交值与成交量　　单位:百万新台币、百万股

年份	总成交值			总成交量		
	整体市场	兴柜市场	占比(%)	整体市场	兴柜市场	占比(%)
2003	2059385.2	30991.3	1.50	101056.3	1075.1	1.06
2004	3475449.0	42070.1	1.21	155732.5	1987.9	1.28
2005	3166452.6	86307.3	2.73	112192.6	2993.0	2.67
2006	5129111.9	159092.1	3.10	154206.3	4298.4	2.79
2007	8537395.3	317349.5	3.72	191276.7	6397.9	3.34
2008	3285462.8	91524.8	2.79	101994.1	3338.6	3.27
2009	5238959.4	168651.9	3.22	168791.9	5089.5	3.02
2010	5633588.5	238133.6	4.23	155017.9	5887.9	3.80
2011	3993036.1	203482.3	5.10	98413.7	5704.0	5.80
2012	2951904.7	154858.7	5.25	77256.7	5900.6	7.64
2013	4030894.8	289103.8	7.17	97276.7	7403.5	7.61

注:本表中的整体是指在中国台湾柜买市场的总体成交情况。

资料来源:www.gretai.org.tw。

兴柜市场的市盈率与周转率　　单位:元新台币、倍数

年份	平均每股价格	平均每股盈余	平均每股净值	市盈率	成交值周转率(%)
2003	21.52	0.51	12.14	42.20	4.99
2004	16.42	1.16	12.99	14.16	7.17
2005	20.92	0.59	12.10	35.45	13.24
2006	34.05	0.81	15.61	42.04	24.50
2007	28.58	1.59	13.86	17.97	32.91

续表

年份	平均每股价格	平均每股盈余	平均每股净值	市盈率	成交值周转率(%)
2008	11.75	0.67	15.35	17.54	19.37
2009	26.06	-0.32	13.29	—	43.94
2010	27.74	1.84	14.70	15.08	33.36
2011	14.38	0.76	12.04	18.92	26.10
2012	18.73	0.04	13.22	468.25	27.11
2013	24.43	-0.12	14.02	—	43.96

注：成交值周转率=总成交值/市值。
资料来源：www.gretai.org.tw。

第六章 Chapter 6

监管！ 主办券商的责任与信息披露

由于没有挂牌财务指标的要求，大部分挂牌公司规模尚小，股份制改造后运行的时间又不长，为了保护投资者合法权益，规范挂牌公司的治理机制和经营活动，系统公司推出了主办券商终身持续督导制度，并对挂牌公司的信息披露提出相应的要求。

第一节
主办券商的责任与义务

鉴于终身持续督导制度的存在，新三板主办券商的责任十分重大，是保障新三板挂牌公司质量的根本所在。实际上，从推荐挂牌环节开始，主办券商就已经开始履行督促拟挂牌公司规范运营的责任。本节将简单介绍主办券商在企业挂牌新三板的过程中几个主要环节的职责。

一、主办券商在推荐挂牌前的责任

在推荐挂牌前，主办券商需要根据自身新三板业务的发展战略遴选项目，组成项目组对拟挂牌企业进行尽职调查并形成申报材料。

（一）项目组成员的要求

根据规定，主办券商必须针对每家拟挂牌公司设立专门项目小组，负责尽职调查，起草尽职调查报告，制作推荐文件等。项目小组应由主办券商内部人员组成，最少 3 人，其中注册会计师、律师和行业分析师至少各 1 名。

主办券商还需要在项目小组中指定1名负责人，该负责人的任职要求为：或者参与过两个以上推荐挂牌项目，且负责过财务会计事项、法律事项或相关行业事项的尽职调查工作；或者具有3年以上投资银行从业经历，且具有主持境内外首次公开发行股票或者上市公司发行新股、可转换公司债券的主承销项目经历。

（二）尽职调查的要求

主办券商需要按照《全国中小企业股份转让系统主办券商尽职调查工作指引》（试行）的要求履行尽职调查义务，以形成有利于投资者做出投资决策的信息披露文件。

尽职调查的内容可以分为4大板块。

1. 业务调查

业务调查主要包括分析公司所处细分行业的情况和风险，深入了解公司商业模式、经营目标和计划等。

通过尽职调查，主办券商需要精确地描述出：公司所投入和使用的关键资源是什么？公司通过何种方式和流程整合相关资源，形成完整的生产或服务流程？公司向消费者提供的产品和服务是什么？这些产品和服务能够为消费者带来何种价值？消费者愿意为这些产品和服务支付何种价格？等等。

除此之外，主办券商还需要进一步了解公司所在行业的政策、发展趋势、特点等问题，最终能够客观审慎地观察、总结并揭示行业的特有风险。

2. 公司治理调查

公司治理调查主要集中于公司股东大会、董事会、监事会、高级管理层的建立健全及运行情况，“三会一层”的机构和人员履行职责情况，公司章程和三会议事规则以及其他相关制度的建立健全及合法合规情况，其主要目的是能够充分论证公司的治理机制、能够为股东充分行使其权利提供合适的保护。

在这一部分，主办券商通过调查需要回答：拟挂牌公司是否建立了相对完备的公司治理机制？“三会一层”各自的权利和职责划分是否清晰？

是否就对外担保、重大投资、委托理财、关联方交易等重要事项制定了相关制度？这些制度是否能够有效执行？公司股东股权的取得是否合法、真实？公司董事、监事、高管和核心技术人员的任职是否合法合规？其诚信情况如何？公司与控股股东、实际控制人及其控制的其他企业在业务、资产、人员、财务和机构等方面是否满足独立性的要求？公司与控股股东、实际控制人及其控制的其他企业是否存在同业竞争？[①]等等。

3. 公司财务调查

这一部分内容实际包括了考察拟挂牌公司内控和财务两个部分。在内控方面主要关注公司的控制环境、风险识别与评估、控制活动与措施、信息沟通与反馈、监督与评价等基本要素，评价公司内部控制制度是否充分、合理、有效；在财务方面则主要关注公司是否建立会计核算体系、财务管理和风险控制等制度，以确保公司财务报告真实可靠及行为合法、合规。

内控方面的问题有：董事会是否负责批准并定期审查公司的经营战略和重大决策、确定经营风险的可接受水平？高级管理人员是否执行董事会批准的战略和政策？高级管理人员和董事会间的责任、授权和报告关系是否明确？管理层为识别和评估总体风险因素建立了何种制度或采取了何种措施？在业务流程中是否有足够的可实施的控制措施？等等。

财务方面的主要问题有：公司的主要会计政策和会计估计是否有针对性地结合了公司的业务特点？是否能起到有效防范公司特有财务风险的作用？公司的主要财务指标与同行业公司平均水平相比是否存在较大偏离？公司财务报告上的主要科目是否真实、准确、完整和合理？公司的关联交易，是否履行相应的决策程序，定价是否公允？等等。

4. 公司合法合规调查

公司合法合规调查主要关注以下问题：公司的设立、历次股权变动是否合法合规？报告期内的主营业务和董事、高级管理人员是否发生重大变化？实际控制人是否发生变更？公司股份是否存在转让限制的情形？公司

---

① 对存在同业竞争的，要求公司就其合理性作出解释，并需要公司为避免同业竞争采取相应措施以及作出承诺。

主要财产取得是否合法，是否存在（潜在）法律纠纷？公司是否存在重大债务？公司如果存在金额较大的其他应付款是否正常？公司将要履行、正在履行以及虽已履行完毕的重大合同是否存在潜在纠纷或是否合法、有效？公司在环境保护、知识产权、产品质量、技术标准、劳动安全、人身权等方面是否符合相关要求或是否合法合规，会否因此产生相关纠纷和债务？公司是否依法纳税？公司是否存在重大诉讼、仲裁和其他重大事项？等等。

针对上述事项，项目小组需在充分取证调查的基础上，形成尽职调查报告，并编制尽职调查工作底稿。

（三）内核的要求

在主办券商为拟挂牌公司出具推荐报告之前，必须经过严格的内核程序。

按照要求，每一主办券商都必须设立内核机构，负责推荐文件和挂牌申请文件的审核，并对下述事项发表审核意见：第一，项目组是否已按照要求对申请挂牌公司进行了尽职调查；第二，申请挂牌公司拟披露的信息是否符合系统公司有关信息披露的规定；第三，申请挂牌公司是否符合挂牌条件；第四，是否同意推荐申请挂牌公司股票挂牌。

内核机构至少由十名成员组成，成员必须具备下列条件之一：具有注册会计师或律师资格并在其专业领域或投资银行领域有三年以上从业经历；具有五年以上投资银行领域从业经历；具有相关行业高级职称的专家或从事行业研究五年以上的分析人员。为保持独立性，内核机构成员中由推荐业务部门人员兼任的，不得超过内核机构总人数的三分之一。

召开内核会议时，须至少有七名内核机构成员出席，其中律师、注册会计师、行业专家至少各一名。内核会议上，由项目组向内核机构汇报尽职调查情况和需提请关注的事项后，回答内核机构成员的质询；内核机构成员根据拟申报材料和项目组的汇报回答，提出意见并表决投票；如果投票通过，则由项目组对内核机构的意见进行落实后，主办券商才出具推荐报告，向系统公司和中国证监会进行申报。

（四）配合审查的要求

在主办券商向全国股份转让系统公司报送推荐文件后，应指定项目组成员与系统公司进行专业沟通，并配合系统公司的审查，承担下列工作：组织申请挂牌公司及其他中介机构对系统公司的反馈意见进行答复；按照系统公司的要求对涉及挂牌的特定事项进行尽职调查或核查等。

二、定向增资时主办券商的职责

当挂牌申请获得核准后，便进入券商终身持续督导时期。考虑到在挂牌的同时也可进行定向融资，因此，特地把定向增资时主办券商的职责单独列出。

根据系统公司的规定，定向增资时，主办券商的职责分为两类：一是定向增资需要申请核准时，主办券商应当对此出具推荐文件，在挂牌公司取得中国证监会核准文件后，协助挂牌公司办理定向发行新增股份的发行、验资、登记和转让手续。二是定向增资符合豁免核准的情况，则主办券商主要履行持续督导职责，出具《股票发行合法合规性意见》，协助挂牌公司在发行验资完毕后填报备案登记表，编制相关文件，进行信息披露，办理新增股份的登记及挂牌手续。

但在实际操作中，为了帮助挂牌公司获得投资者的认可并撮合交易，主办券商可能还会参与到帮助挂牌公司寻找合适的投资者、协助挂牌公司进行估值、谈判甚至路演等工作中。

三、挂牌后的终身持续督导

终身持续督导制度是新三板最重要的制度之一，即由主办券商对所推荐挂牌公司进行在板期间的持续督导，以帮助挂牌公司进行诚实守信经营、规范履行信息披露义务、完善公司治理机制等。

一旦主办券商与所推荐挂牌公司签订持续督导协议，主办券商应至少配备两名具有财务或法律专业知识的专职督导人员，履行督导职责。如果没有合理的理由并经过系统公司同意，双方不能解除持续督导协议。即使解除持续督导协议后，挂牌公司应与承接督导事项的主办券商另行签订持续督导协议，否则将不能满足继续挂牌的条件。当主办券商与挂牌公司解除持续督导协议时，挂牌公司需办理暂停转让，直到重新与其他主办券商再次签订持续督导协议。如果挂牌公司未能在股票暂停转让之日起三个月内与其他主办券商签署持续督导协议的，系统公司将终止该公司挂牌。

知识链接

拟挂牌公司或者已挂牌公司更换主办券商的操作流程

根据股份转让系统披露的《常见问题解答(第二期)》：

全国股份转让系统实行主办券商制度，主办券商需要在推荐公司挂牌后，对其履行持续督导义务，全国股份转让系统公司鼓励挂牌公司与主办券商建立长期稳定的持续督导关系，除主办券商不再从事推荐业务或者挂牌公司股票终止挂牌两种规定情形外，双方不得随意解除持续督导协议。主办券商与挂牌公司因特殊原因确需解除持续督导协议的，双方应协商一致，且有其他主办券商愿意承接督导工作，事前报告全国股份转让系统公司并说明合理的理由。在具体操作流程中，挂牌公司应履行董事会和股东大会等内部决策程序，承接督导事项的主办券商应对挂牌公司自挂牌以来的信息披露和公司治理等事项进行核查，召开内核会议进行表决并形成内核意见。

主办券商终身持续督导的一项重大工作就是指导和督促所推荐挂牌公司规范履行信息披露义务，并对其信息披露文件进行事前审查。

当主办券商发现拟披露的信息或已披露信息存在错误、遗漏或者误导的，或者发现挂牌公司存在应当披露而未披露事项的，主办券商将要求挂牌公司进行更正或补充。如果挂牌公司拒不更正或补充，主办券商须在两个转让日内发布风险揭示公告并向系统公司报告。

新闻链接

关于全国中小企业股份转让系统配套制定、修订业务制度的新闻发布会答记者问(2013年12月30日)

持续督导主要包括哪些方面？为什么要由主办券商对挂牌公司进行持续督导？

答:全国股份转让系统实行主办券商制度,主办券商需要在公司挂牌期间履行持续督导义务,主要包括五个方面:一是指导和督促挂牌公司规范履行信息披露义务,对其信息披露文件进行事前审查;二是指导和督促挂牌公司完善治理机制,提高规范运作水平;三是对挂牌公司董事、监事、高级管理人员及其他信息披露义务人进行培训;四是对挂牌公司信息披露和公司治理情况进行现场检查;五是在发现挂牌公司存在不规范行为时,及时向全国股份转让系统公司报告,并视情况发布风险警示公告。全国股份转让系统公司将发布主办券商持续督导工作指引,明确和细化主办券商持续督导职责。

资料来源:http://www.neeq.com.cn/xwdt/xwdt/201312/t20131230_536553.htm。

还需要特别提醒读者的是,根据《全国中小企业股份转让系统主办券商推荐业务规定(试行)》的规定,存在下列情形之一的,主办券商不得推荐申请挂牌公司股票挂牌:

“(一)主办券商直接或间接合计持有申请挂牌公司百分之七以上的股份,或者是其前五名股东之一;

“(二)申请挂牌公司直接或间接合计持有主办券商百分之七以上的股份,或者是其前五名股东之一;

“(三)主办券商前十名股东中任何一名股东为申请挂牌公司前三名股东之一;

“(四)主办券商与申请挂牌公司之间存在其他重大影响的关联关系。”

第二节

挂牌公司的信息披露要求

挂牌公司信息披露包括挂牌前的信息披露及挂牌后持续信息披露。挂牌前的信息披露主要集中在向系统公司和中国证监会提交的申报文件中,本书前文已提到或说明,不再赘述。本节主要关注挂牌后的持续信息披露。

一、信息披露的原则

根据《业务规则》以及《全国中小企业股份转让系统挂牌公司信息披露细则(试行)》(简称"《信息披露细则》")等相关规定,挂牌公司的信息披露应遵循以下原则和规定:

(一)重要性原则

挂牌公司应当及时、公平地披露所有对公司股票及其他证券品种转让价格可能产生较大影响的信息(简称"重大信息",挂牌公司控股子公司发生的对挂牌公司股票转让价格可能产生较大影响的信息,也视同挂牌公司的重大信息）。如果挂牌公司发生的或者与之有关的事件没有达到系统公司规定的披露标准，或者系统公司对其没有具体规定，但公司董事会认为该事件会对公司股票转让价格产生较大影响时，公司应当及时披露。

（二）及时性原则

系统公司一般要求挂牌公司“及时”披露相关信息，并对“及时”作出了解释：自起算日或者触及《信息披露细则》规定的披露时点的两个转让日内。系统公司另有规定的除外。

（三）主办券商事前审查原则

挂牌公司披露重大信息之前，应当经主办券商审查，公司不得披露未经主办券商审查的重大信息。

（四）真实、准确、完整原则

挂牌公司应当对其披露信息内容的真实性、准确性、完整性承担责任，保证不存在虚假记载、误导性陈述或重大遗漏。

（五）合法合规原则

挂牌公司应当制定并执行信息披露事务管理制度，在进行信息披露前，挂牌公司应当依据公司章程履行内部程序。

挂牌公司、相关信息披露义务人和其他知情人不得泄露内部信息。

挂牌公司在其他媒体披露信息的时间不得早于指定披露平台的披露时间。

（六）专人负责原则

如果挂牌公司设有董事会秘书，则由董事会秘书负责信息披露管理事务；挂牌公司未设董事会秘书的，应指定一名具有相关专业知识的人员负责信息披露管理事务，并向系统公司报备。负责信息披露管理事务的人员应列席公司的董事会和股东大会。

如果董事会秘书或者负责信息披露管理事务的专门人员离职而又无人接替或者因故不能履行职责时,公司董事会应当及时指定一名高级管理人员负责信息披露事务并对该事项进行披露。

(七)风险警示情况

按照规定,当挂牌公司最近一个会计年度的财务会计报告被出具否定意见或者无法表示意见的审计报告;或最近一个会计年度经审计的期末净资产为负值;或者出现系统公司规定的其他情形时,系统公司对股票转让实行风险警示,在公司股票简称前加注标识并公告。

案例链接　ST 羊业:新三板唯一一家被实行风险警示的公司

中农羊业(北京中农立民羊业科技股份有限公司),证券代码430013,2007 年挂牌。

中农羊业因未能按时披露 2007 年度、2008 年度定期报告,被实施特别处理,变更为 ST 羊业。至今 ST 羊业仍未能披露年度定期报告。

2009 年 11 月 2 日,ST 羊业发布公告《北京润桑投资顾问有限公司、北京中昊国兴网络技术有限公司关于自行召开公司 2009 年第一次临时股东大会的通知》。

北京润桑投资顾问有限公司、北京中昊国兴网络技术有限公司分别持有 ST 羊业 946 万元股份、730 万元股份,股份合计占 ST 羊业总股本的 21.71%,并且持续持有上述股份超过 90 日,符合《公司法》及 ST 羊业章程中关于股东自行召集和主持股东大会的规定。

11 月 19 日,2009 年第一次临时股东大会召开,审议通过了关于更换 ST 羊业部分董事及监事的提案。

二、定期报告的披露要求

挂牌公司披露的信息包括定期报告和临时报告两种类型。

挂牌公司应当披露的定期报告包括年度报告、半年度报告，披露前必须经过董事会审议通过。

其中，年度报告中的财务报告应按照《企业会计准则》的要求编制，必须经具有证券、期货相关业务资格的会计师事务所审计①。年度报告在每个会计年度结束之日起四个月内披露。

半年度报告应在每个会计年度的上半年结束之日起两个月内披露，不要求审计。

未在规定期限内披露年度报告或者半年度报告的挂牌公司，将暂停转让，直至年度报告或半年度报告披露。自期满之日起两个月内仍未披露年度报告或半年度报告的挂牌公司，系统公司将终止其挂牌。

系统公司不要求披露季度报告。

如果年度报告中的财务报告被注册会计师出具非标准审计意见，挂牌公司董事会应针对该审计意见涉及事项进行专项说明，并将此专项说明、审议专项说明的董事会决议、决议所依据的材料、监事会对董事会有关说明的意见和相关决议、负责审计的会计师事务所及注册会计师出具的专项说明等文件与定期报告一并提交给主办券商。

当财务报告被会计师出具否定意见或无法表示意见的审计报告；或当经审计的期末净资产为负值时，主办券商应当最迟在披露前一个转让日向系统公司报告。

三、临时报告的披露要求

临时报告是指挂牌公司发布的除定期报告以外的公告。临时报告应

① 挂牌公司不得随意变更会计师事务所，如确需变更的，应当由董事会审议后提交股东大会审议。

按照《全国中小企业股份转让系统临时公告格式模板》或相关格式指引编制并加盖董事会公章后发布。

挂牌公司应当在临时报告所涉及的重大事件[①]最先触及下列任一时点后及时履行首次披露义务:董事会或者监事会作出决议时;签署意向书或者协议时;公司(含任一董事、监事或者高级管理人员)知悉或者理应知悉重大事件发生时。

如果重大事件正处于筹划阶段,尚未触及上述时点,但出现下列情形之一的,公司亦应履行首次披露义务:该事件难以保密;该事件已经泄露或者市场出现有关该事件的传闻;公司股票及其衍生品种交易已发生异常波动。

临时公告涉及的事项主要包括以下三种类型。

(一)董事会、监事会和股东大会决议

(1)挂牌公司应在董事会会议、监事会会议结束后,及时将经与会董事、监事签字确认的决议向主办券商报备。

(2)董事会决议、监事会会议涉及的重大信息(包括根据公司章程规定应当提交经股东大会审议的收购与出售资产、对外投资等事项),挂牌公司应当以临时公告的形式及时披露。

(3)股东大会结束后两个转让日内,应将相关决议公告披露。

(二)关联交易

(1)对于日常性关联交易,挂牌公司应当在披露上一年度报告之前,对本年度将发生的关联交易总金额进行合理预计,提交股东大会审议并披露。

(2)对于预计范围内的关联交易,公司应当在年度报告和半年度报告中予以分类,列表披露执行情况。

(3)如果在实际执行中预计关联交易金额超过本年度关联交易预计总金额的,公司应当就超出金额所涉及事项依据公司章程履行审议程序

① 对挂牌公司股票转让价格可能产生较大影响的事件。

并披露。

(4)对偶发性关联交易,应当经过股东大会审议并以临时公告的形式披露。

(5)挂牌公司与其合并报表范围内的控股子公司发生的或者上述控股子公司之间发生的关联交易;关联一方以现金认购另一方发行的股票、公司债券或企业债券、可转换公司债券或者其他证券品种;关联一方依据另一方股东大会决议领取股息、红利或者报酬,可以免予按照关联交易的方式进行审议和披露。

(三)其他重大事件

根据《信息披露细则》,当出现以下情形时,应予以披露。

(1)挂牌公司对涉案金额占公司最近一期经审计净资产绝对值10%以上的重大诉讼、仲裁事项应当及时披露。虽未达到10%的标准或者没有具体涉案金额的诉讼、仲裁事项,但被董事会认定为重大事项的;以及涉及股东大会、董事会决议被申请撤销或者宣告无效的诉讼,也应当及时披露。

(2)董事会审议通过利润分配或资本公积转增股本方案后,应及时披露方案具体的内容,并于实施方案的股权登记日前披露方案实施公告。

(3)股票转让被系统公司认定为异常波动的,应当于次一股份转让日披露异常波动公告。如果次一转让日无法披露,应向系统公司申请股票暂停转让直至披露后恢复转让。

(4)公共媒体传播的消息可能或者已经对公司股票转让价格产生较大影响的,挂牌公司应当及时向主办券商提供有助于甄别传闻的相关资料,并决定是否发布澄清公告。

(5)实行股权激励计划的挂牌公司,应履行披露义务。

(6)限售股份在解除转让限制前,应按照系统公司有关规定披露相关公告或履行相关手续。

(7)在挂牌公司中拥有权益的股份达到该公司总股本5%的股东及其实际控制人,其拥有权益的股份变动达到系统公司规定的标准时,应当按照要求及时通知挂牌公司并披露权益变动公告。

(8)挂牌公司和相关信息披露义务人披露承诺事项的,应当严格遵守其披露的承诺事项。未履行承诺的,应当及时披露原因、相关当事人可能承担的法律责任以及董事会拟采取的措施。

(9)系统公司对挂牌公司实行风险警示或作出股票终止挂牌决定后,公司应当及时披露。

(10)挂牌公司出现以下情形之一的,应当自事实发生之日起两个转让日内披露:

控股股东或实际控制人发生变更;

控股股东、实际控制人或者其关联方占用资金(应当至少每月发布一次提示性公告,披露资金占用的解决进展情况);

法院裁定禁止有控制权的大股东转让其所持公司股份;

任一股东所持公司5%以上股份被质押、冻结、司法拍卖、托管、设定信托或者被依法限制表决权;

公司董事、监事、高级管理人员发生变动,董事长或者总经理无法履行职责;

公司减资、合并、分立、解散及申请破产的决定,或者依法进入破产程序、被责令关闭;

董事会就并购重组、股利分派、回购股份、定向发行股票或者其他证券融资方案、股权激励方案形成决议;

变更会计师事务所、会计政策、会计估计;

对外提供担保(挂牌公司对控股子公司担保除外;发生违规对外担保的,应当至少每月发布一次提示性公告,披露违规对外担保的解决进展情况);

公司及其董事、监事、高级管理人员、公司控股股东、实际控制人受有权机关调查、被采取强制措施、被移送司法机关或追究刑事责任,被中国证监会稽查、行政处罚、证券市场禁入、认定为不适当人选,或收到对公司生产经营有重大影响的其他行政管理部门处罚;

因前期已披露的信息存在差错、未按规定披露或者虚假记载,被有关机构责令改正或者经董事会决定进行更正。

至此，与新三板密切相关的、也是最重要的五个部分已经介绍完毕。不需要专门展望，在创新制度的支持下，新三板未来必然会有极大发展，让我们拭目以待。出于全书结构考虑，有一些有用的信息没有办法纳入正文体系，于是和几个必读的法规一起以附件的形式附上，希望能够给阅读者带来帮助。

附件

一、新三板近三年定向发行信息一览表

表 1　2011 年定向增发挂牌公司主要信息一览

证券代码	公司简称	新增股数（万股）	增资价格(元)	增资市盈率（倍）	增资金额（万元）	归属于母公司的净利润(万元)		营业总收入（万元）	
						2011 年	2010 年	2011 年	2010 年
430010	现代农装	3000	6	11	18000	5766. 00	5087. 00	147806. 62	97476. 66
430020	建工华创	540	7	26	3780	-477. 00	1073. 00	2642. 13	12766. 67
430027	北科光大	347. 9261	4. 34	2170	1510	19. 00	6. 00	1634. 96	1530. 95
430037	联飞翔	900	5. 5	39	4950	1099. 00	509. 00	7763. 05	4236. 23
430047	诺思兰德	189. 2	21	—	3973. 2	-501. 00	-62. 00	110. 11	356. 40
430051	九恒星	490	4. 725	11. 85	2315. 25	1911. 00	1458. 00	8830. 55	6296. 11
430057	清畅电力	850	6	27	5100	1860. 00	1321. 00	11678. 47	7685. 16
430065	中海阳	1000	21. 2	25. 24	21200	7995. 00	5670. 00	84492. 97	31915. 91
430071	首都在线	90	11	11. 6	990	972. 00	606. 00	6822. 92	3792. 46
430075	中讯四方	600	5	23	3000	795. 00	581. 00	5076. 59	2765. 44

资料来源：系统公司官方披露。

表 2　2012 年定向增发挂牌公司主要信息一览

证券代码	公司简称	新增股数（万股）	增资价格（元）	增资市盈率	增资金额（万元）	归属于母公司的净利润（万元）		营业总收入（万元）	
						2012 年	2011 年	2012 年	2011 年
430002	中科软	2000	3.6	6.32	7200	11123.83	7883.85	212508.50	159852.36
430017	星昊医药	1958.52	8.66	15.43	16960.82	5441.77	4082.42	20228.43	17067.26
430021	海鑫科金	500	10.15	15.15	5075	4822.86	4115.85	23242.39	18983.20
430028	京鹏科技	2114.69	4	13	8459.75	1366.81	524.15	27250.10	20208.48
430032	凯英信业	1650	1.5	18.94	2475	328.28	420.74	12267.57	12130.76
430036	鼎普科技	265	9.91	19.06	2626.15	2709.45	1129.07	8321.75	5722.23
430049	双杰电气	800	9	25	7200	5567.39	4974.75	36901.61	30827.70
430053	国学时代	102.35	10	83	1023.5	89.08	74.59	1335.46	1054.00
430055	达通通信	120	8.96	21.33	1075.2	589.18	385.77	1847.55	1104.34
430056	百慕新材	1700	4.02	13	6834	1979.04	1630.60	20560.48	18262.97
430059	中海纪元	1270	2.6	20	3302	756.21	702.73	10160.65	6840.37
430062	中科国信	343.73	2.3	6	790.579	960.93	494.85	3539.69	2217.42
430063	工控网	133.5	7.49	21.66	1000	653.19	659.46	4243.18	3649.75
430064	金山顶尖	1000	5.6	17.17	5600	3212.75	3148.03	32931.24	30131.87
430070	赛亿科技	300	5	45	1500	-184.15	114.94	1115.40	1167.75
430071	首都在线	80.68	6	10	484.08	1502.76	971.53	11258.42	6822.92
430077	道隆软件	152	4.7	26	714.1	80.16	346.77	2719.96	2061.73
430078	君德同创	89	8.4	31.54	747.6	85.35	236.73	3339.60	3304.32
430083	中科联众	500	2.6	12.38	1300	395.31	299.48	3706.90	2815.36
430088	七维航测	715	4.3	11	3074.5	1889.53	1050.41	8265.12	5324.76
430089	天一众合	1200	3.18	25	3816	-379.53	604.31	6107.44	8607.88
430090	同辉佳视	320	4	16.94	1280	97.16	386.99	7313.38	6491.26
430091	东方生态	800	1.76	10.35	1408	434.37	313.45	5609.64	3714.01
430095	航星股份	1120	1.35	14	1512	275.29	303.92	7315.02	8587.60

资料来源：根据系统公司官方披露进行了少量调整。

表 3 2013 年定向增发挂牌公司主要信息一览

证券代码	公司简称	新增股数（万股）	增资价格（元）	增资市盈率	增资金额（万元）	归属于母公司的净利润（万元）		营业总收入（万元）	
						2012 年	2011 年	2012 年	2011 年
430037	联飞翔	450.00	2.30	12.78	1035.00	1853.93	1098.61	10809.85	7763.05
430038	信维科技	98.00	3.92	10.53	384.00	731.82	1915.86	4562.78	6403.23
430050	博朗环境	883.00	3.24	21.60	2860.00	710.50	405.64	5983.02	4163.55
430065	中海阳	1200.00	5.30	32.44	6360.00	3267.37	7994.64	81099.26	84492.97
430071	首都在线	49.44	1.20	1.33	59.33	1502.76	971.53	11258.43	6822.93
430075	中讯四方	700.00	6.00	21.43	4200.00	924.10	795.08	8023.45	5076.60
430080	尚水股份	97.18	1.84	3.88	178.81	521.04	424.70	2606.97	1907.72
430084	星和众工	900.00	5.38	13.45	4842.00	2869.67	2028.71	40933.78	35344.35
430085	新锐英诚	350.00	4.00	22.00	1400.00	386.73	261.47	5882.82	4519.66
430093	掌上通	300.00	3.00	14.18	900.00	698.30	883.50	11010.23	10165.85
430098	大津股份	1650.00	1.25	—	2062.50	-279.52	549.84	1800.51	1975.85
430099	理想固网	280.00	3.50	23.01	980.00	152.13	71.88	1429.73	1166.27
430100	九尊能源	17.37	28.80	10.81	500.26	1424.15	502.48	9044.06	2025.51
430103	天大清源	351.86	14.21	14.57	5000.00	2196.13	987.74	10332.40	6599.88
430104	全三维	320.00	2.00	11.76	640.00	890.14	537.83	5902.78	4030.70
430109	中航讯	230.00	2.00	7.95	500.00	385.58	141.87	2538.46	1050.41
430112	弘祥隆	150.00	4.00	40.00	2400.00	65.56	170.60	512.79	470.37
430120	金润科技	9.40	29.60	15.31	300.00	1004.09	337.12	2096.63	1368.21
430123	速原中天	480.00	1.80	15.44	864.00	125.92	65.79	1997.82	1583.67
430132	国铁科林	330.00	1.97	152.00	650.10	18.55	173.13	801.44	982.48
430141	久日化学	203.70	7.36	14.00	1499.23	2935.94	2376.91	23527.51	16705.66
430143	武大科技	2000.00	3.00	130.40	6000.00	217.53	2246.04	16746.89	24361.44
430144	煦联得	2070.00	1.00	3.22	2070.00	10.35	-170.11	390.37	135.55
430147	中矿龙科	1200.00	3.00	—	3600.00	-338.98	116.82	1069.12	1124.14
430148	科能腾达	240.00	1.36	17.73	326.40	56.79	1.31	1772.04	1739.45
430152	思创银联	280.00	6.20	86.97	504.00	84.44	39.21	7294.15	5063.38
430152	思创银联	241.94	1.80	92.13	1500.00	84.44	39.21	7294.15	5063.38
430169	融智通	50.00	2.00	7.69	100.00	186.26	217.73	1711.38	1546.33
430169	融智通	80.00	6.00	22.22	480.00	186.26	217.73	1711.38	1546.33
430170	金易通	600.00	1.68	10.84	1008.00	517.77	116.71	2588.43	1853.51
430174	沃捷传媒	178.50	22.00	20.24	3927.00	2534.69	1093.65	42154.14	22338.41

续表

证券代码	公司简称	新增股数（万股）	增资价格（元）	增资市盈率	增资金额（万元）	归属于母公司的净利润（万元）		营业总收入（万元）	
						2012 年	2011 年	2012 年	2011 年
430176	中教股份	847.06	8.85	23.92	7500.00	2117.63	114.32	7835.46	2471.64
430179	宇昂科技	30.00	2.00	—	60.00	-303.09	52.06	4406.98	3886.45
430182	全网数商	200.00	1.07	3.69	374.50	191.66	98.43	797.03	499.30
430184	北方跃龙	108.00	1.85	10.98	200.00	136.19	118.10	1066.05	548.77
430192	东展科博	266.67	3.00	—	1100.00	-662.19	-504.75	1138.90	1348.27
430194	锐风行	185.33	3.24	27.00	600.00	89.17	61.55	1007.68	741.89
430196	宣爱智能	300.00	1.27	8.16	380.34	465.14	166.37	4673.58	4345.43
430198	微创光电	46.00	2.80	7.28	128.80	865.11	720.86	6010.82	5552.90
430202	星河科技	200.00	2.00	11.60	400.00	172.24	188.40	2267.64	1865.81
430206	尚远环保	1945.61	1.55	25.83	3015.70	213.65	122.81	1871.35	1360.72
430208	优炫软件	560.00	3.00	10.60	1680.00	723.43	-88.97	2129.40	525.20
430210	舜能润滑	1284.00	2.00	51.12	2568.00	319.65	273.85	7854.11	6642.33
430212	六合伟业	150.00	5.00	7.27	750.00	2165.04	1466.35	8004.71	6274.29
430212	六合伟业	100.00	5.00	7.62	500.00	2165.04	1466.35	8004.71	6274.29
430213	乐升股份	2400.00	1.20	2.58	2880.00	617.38	810.24	2022.44	2129.19
430231	赛诺达	500.00	1.06	346.87	530.00	4.74	14.73	1689.00	1393.48
430235	典雅天地	165.70	1.42	16.00	260.00	61.96	43.74	474.46	134.97
430250	智网科技	130.00	1.95	5.02	253.50	555.02	-207.03	2949.03	1732.70
430254	中卉生态	1000.00	1.18	6.94	1180.00	133.71	4.56	1197.41	651.66
430263	蓝天环保	731.43	1.40	7.78	1024.00	1336.35	546.09	10527.86	6548.87
430276	晟矽微电	204.49	4.52	18.02	1250.00	233.18	90.66	4614.34	2486.94
430279	华安股份	92.60	5.40	30.13	500.00	265.53	245.52	2837.40	1622.06
430300	辰光医疗	200.00	15.00	17.65	3000.00	2550.80	2071.90	8337.59	7586.21
430310	博易股份	100.00	3.50	350.00	350.00	12.70	-25.75	966.10	260.92
430318	四维传媒	700.00	6.80	10.72	4760.00	3299.24	2924.09	22212.77	19093.71
430323	天阶生物	23.00	16.00	116.37	368.00	-333.20	-233.11	3511.49	12130.77
430348	瑞斯福	67.00	7.46	13.79	500.00	710.82	975.99	14962.00	16287.71
430348	瑞斯福	47.00	9.47	17.51	445.00	710.82	975.99	14962.00	16287.71
430358	基美影业	349.88	25.72	42.03	9000.01	1165.70	931.98	3941.72	3752.52
430362	东电创新	350.00	2.00	142.86	700.00	12.57	-15.75	798.00	603.97

资料来源：各挂牌公司公开披露信息调整而成。

表 4　2011 年挂牌公司定向增发主要发行对象情况

证券代码	公司名称	发行对象:原有股东认购		发行对象:新增股东	
		原有股东名称	认购金额(元)	新增股东名称	认购金额(元)
430010	现代农装	靳逢春等 16 人; 中国农业机械化科学研究院;纳爱斯浙江投资有限公司;上海天一投资咨询发展有限公司;上海奥锐万嘉创业投资有限公司;中国钢研科技集团有限公司;上海昌瑞钢铁有限公司;上海信琪实业有限公司;北京农业产业投资基金(有限合伙);机械科学研究总院;上海鹏睿工贸有限公司;上海联学教育发展有限公司;上海菩提树商务咨询有限公司;长沙市春播投资管理有限公司;吉林市北山酱菜厂;北京中嘉禾物业管理有限公司;杭州若禹经济信息咨询有限公司;上海鼎晶投资中心(普通合伙)	153582102	北京中关村发展集团股份有限公司;北京惠农投资基金(有限合伙);中富创业投资(北京)有限公司;北京亿博佳讯投资顾问有限公司;成都恒利捷物资有限公司;宁波市超达进出口有限公司;北京慧识金投资咨询有限公司	26417898
430020	建工华创	无	无	天津绿源道投资有限公司	37800000
430027	北科光大	侯鲁民; 杭州若禹经济信息咨询有限公司	673090. 6	张爽等 9 名职工; 北京中海投资管理公司; 北京新兴曙光科贸有限公司	14426902

续表

证券代码	公司名称	发行对象:原有股东认购		发行对象:新增股东	
		原有股东名称	认购金额(元)	新增股东名称	认购金额(元)
430037	联飞翔	郑淑芬等26人; 上海天一投资咨询发展有限公司;启迪中海创业投资有限公司;上海英博企业发展有限公司;上海巽天投资有限公司;上海应节雨投资管理有限公司;义乌市嘉润进出口有限公司;北京嘉众广利投资顾问有限公司;南京欣保立经济信息咨询有限公司;通化市通达投资信息咨询有限公司;上海大公拍卖有限公司;上海利银信息科技有限公司;上海福高实业发展有限公司;宁波北仑中港装饰工程有限公司;杭州若禹经济信息咨询有限公司;北京谢天晴知识产权代理有限公司;三明市华德商贸有限公司	13667500	张黎静等8名管理人员及员工; 北京施雨科投资管理咨询有限公司;成都恒利捷物资有限公司;广州市三成油墨有限公司;上海嘉程信息科技有限公司;广州永吉投资管理有限公司;上海汛龙消防工程有限公司;上海益菁投资咨询有限公司;北京帕冉工程咨询有限公司;上海中龙实业有限公司;上海求章电子科技有限公司	35832500
430047	诺思兰德	许松山等3人; 台州颐和投资顾问有限公司	8400000	丁大有等5名公司员工; 北京启迪明德创业投资有限公司;启迪创业投资管理(北京)有限公司;北京爱科时代科技有限公司;金信祥泰创业投资(北京)有限公司;北京京奥珅投资管理有限公司;北京鹏泰行科技有限公司;北京天和佳境投资管理有限公司;北京中金鑫磊投资咨询有限公司	31332000

续表

证券代码	公司名称	发行对象:原有股东认购		发行对象:新增股东	
		原有股东名称	认购金额(元)	新增股东名称	认购金额(元)
430051	九恒星	解洪波等15人; 北京中宏信投资管理有限公司;深圳市谷云科技有限公司;深圳市伟厚科技有限公司;深圳市云航科技有限公司;海口同一实业有限公司;深圳市武当资产管理有限公司;杭州萧湘客运有限公司;深圳市海创投资有限公司	6440175	齐余庆等5名公司员工; 北京中关村发展集团股份有限公司;北京中赢谷投资管理有限公司;北京银河鼎发创业投资有限公司;呼和浩特市众德科技有限公司;北京德沃乐普科技有限公司	16712325
430057	清畅电力	无	无	北京信大倍佳投资管理有限公司;北京京华智盈投资管理有限公司;北京百汇城投资顾问有限责任公司;杭州盈江投资管理有限公司;深圳英纺电子商务有限公司;苏州卡贝高登创业投资中心(有限合伙);烟台络华变压器有限责任公司;青岛德昌投资中心(有限合伙);北京盛维安泰系统技术有限公司	51000000
430065	中海阳	薛黎明等26人; 上海昌瑞投资有限公司;成都恒利捷物资有限公司;上海先河粮油企业发展有限公司;北京慧识金投资咨询有限公司;成都乐顺服饰有限公司;厦门融信投资有限公司;石家庄宇恩投资咨询有限公司;深圳市音可特通信设备有限公司;杭州金日染料有限公司;烟台鑫杉工贸有限公司	60250400	李钟彬等9名管理人员及公司员工; 上海宝亨资产管理有限公司;辽宁中鼎企业发展顾问有限责任公司;上海昌瑞钢铁有限公司;上海嘉程信息科技有限公司;上海晟华科技发展有限公司;上海启慧实业有限公司	151749600

续表

<table>
<tr><th rowspan="2">证券代码</th><th rowspan="2">公司名称</th><th colspan="2">发行对象:原有股东认购</th><th colspan="2">发行对象:新增股东</th></tr>
<tr><th>原有股东名称</th><th>认购金额(元)</th><th>新增股东名称</th><th>认购金额(元)</th></tr>
<tr><td>430071</td><td>首都在线</td><td>无</td><td>无</td><td>尤嘉等16名管理人员及公司员工;
北京金慧丰投资管理有限公司;浙江熔岩创新股权投资合伙企业(有限合伙)</td><td>9900000</td></tr>
<tr><td>430075</td><td>中讯四方</td><td>董启明等9人;
北京慧识金投资咨询有限公司;上海乐彼得投资咨询有限公司;上海悟石投资咨询有限公司</td><td>6225500</td><td>牟亚兰等8名管理人员及公司员工;
深圳市顺而信科技有限公司;北京施雨科投资管理咨询有限公司;北京金慧丰投资管理有限公司;河北汇富亿通创业投资有限公司;辽宁中鼎企业发展顾问有限责任公司;北京中民联强投资顾问有限公司;北京润丰华泰科技有限公司;上海鼎晶投资中心(普通合伙);上海汇山富投资管理有限公司;上海启慧实业有限公司</td><td>23774500</td></tr>
</table>

资料来源:根据各挂牌公司公开披露信息调整而成。

表 5　2012 年挂牌公司定向增发主要发行对象情况

证券代码	公司简称	发行对象:原有股东		发行对象:新增股东	
		原股东名称	金额(元)	新股东名称	金额(元)
430002	中科软	邢立等 44 人	28800000	博信资产管理有限公司	43200000
430017	星昊医药	无	无	深圳市珠峰基石股权投资合伙企业(有限合伙);青岛海洋基石创业投资合伙企业(有限合伙);重庆联创共富一期股权投资企业(有限合伙);新疆生产建设兵团联创股权投资有限合伙企业;吉林省现代农业和新兴产业投资基金有限公司;东莞同威松山湖创业投资合伙企业(有限合伙);北京五瑞投资管理中心(有限合伙)	169608178
430021	海鑫科金	丁国耀、陆乃将	517650	上海复星创富股权投资基金合伙企业(有限合伙);启迪中海创业投资有限公司;上海平怡信息科技有限公司;上海七皓投资管理有限公司	50232350
430028	京鹏科技	田真等 23 人	2646716	北京汽车集团有限公司;北京新希望产业投资中心(有限合伙);北京慧识金投资咨询有限公司;上海汇山富投资管理有限公司	81940780
430032	凯英信业	无	无	张怀清等 5 人; 北京中关村发展集团股份有限公司	24750000
430036	鼎普科技	无	无	世家投资集团有限公司	26261500

续表

证券代码	公司简称	发行对象:原有股东		发行对象:新增股东	
		原股东名称	金额(元)	新股东名称	金额(元)
430049	双杰电气	赵连华1人; 河南景泰同方科贸有限公司;北京中宏信投资管理有限公司;台州颐和投资顾问有限公司;台州风搏投资咨询有限公司	5117580	姜龙等3名公司员工; 北京德同长通投资中心(有限合伙);山东天南科技发展有限公司;青岛华仁创业投资有限公司;天誉合投资管理(北京)有限公司;北京百汇城投资顾问有限责任公司;北京汇璟房地产开发有限公司;武汉昀康钢铁贸易有限公司;北京和发通投资中心(有限合伙);昆明红波科技有限公司	66882420
430053	国学时代	张淑芬1人	300000	王虎虎等8名公司员工; 北京圣隆园林工程有限责任公司;北京康为恒信科技有限公司;广州金蟾软件研发中心有限公司	9935000
430055	达通通信	无	无	新疆水木银桦股权投资有限合伙企业	10752000
430056	百慕新材	黄玖梅等20人	5100576	杨海山等9人; 中航三鑫股份有限公司;中国航空科技工业股份有限公司	63239424
430059	中海纪元	北京中海投资管理公司	15002000	北京卡联电子商务有限公司	18018000
430062	中科国信	韩思军等3人	1593900	杜刚等9名公司员工; 北京中科达信科技有限公司	6311890
430063	工控网	无	无	浙江天堂硅谷晨曦创业投资有限公司	10000000
430064	金山顶尖	北京众拓锦程投资咨询中心(有限合伙);北京京师木铎科技有限公司;北京兰迪斯国际贸易有限公司	1122800	陈忠等12名公司员工; 北京松凌证道投资中心(有限合伙);北京北油中海资产管理有限公司;温州中科永强创业投资合伙企业(有限合伙)	54877200

续表

证券代码	公司简称	发行对象:原有股东		发行对象:新增股东	
		原股东名称	金额(元)	新股东名称	金额(元)
430070	赛亿科技	无	无	黄齐文等3人; 河北凤博股权投资基金管理有限责任公司;紫达(北京)科技有限公司;北京东方华泰电缆制造有限公司;北京博大环球创业投资有限公司;成都时行科技有限公司;河北荣派节能玻璃制造有限责任公司;北京卓奥峰投资管理中心	15000000
430071	首都在线	无	无	二六三网络通信股份有限公司	4840800
430077	道隆软件	沈阳康地科技有限公司	3384000	河北凤博股权投资基金管理有限责任公司	3760000
430078	君德同创	无	无	广州市玛雅文化传播有限公司;北京秉德昆仑投资中心(有限合伙);深圳市孚威天玑投资企业(有限合伙)	7476000
430083	中科联众	上海昌瑞投资有限公司	2236000	申银万国投资有限公司;北京雷萨投资咨询有限公司;晋江道生财富投资中心(有限合伙)上海睿扬投资管理有限公司;上海岩涛建筑工程设计咨询有限公司;上海田源市政交通设施有限公司;上海戎億投资管理有限公司	10764000
430088	七维航测	杨娜等4人;上海戎億投资管理有限公司;宁波梅山保税港区鸿皓投资咨询有限公司;通化市通达投资信息咨询有限公司;北京美好愿景餐饮管理有限公司;深圳市银桦投资管理有限公司	8600000	公司核心技术人员张光雄; 北京中海易达投资管理中心(有限合伙)	22145000

续表

证券代码	公司简称	发行对象:原有股东		发行对象:新增股东	
		原股东名称	金额(元)	新股东名称	金额(元)
430089	天一众合	付屹东等28人;苏州新麟创业投资有限公司;苏州工业园区易联创业投资基金有限公司;浙江熔岩创新股权投资合伙企业(有限合伙);上海卡日曲投资有限公司;广州市富晨投资管理有限公司	26950071	张颖峰等2名公司员工;北京中关村发展集团股份有限公司;北京健德汇达科技中心(有限合伙)	11209929
430090	同辉佳视	戴福昊等3人	400000	新天际创展(北京)投资管理有限公司;上海英大投资有限公司;上海亦商资产管理有限公司;上海国宇投资有限公司;北京易中金投资管理中心(有限合伙)	12400000
430091	东方生态	马泽远等10人	3150400	唐冬升等17人;中农兴旺(北京)规划设计咨询有限公司	10929600
430095	航星股份	陶林等2人	10584000	北京中兴网视科技有限公司	4536000

资料来源:根据各挂牌公司公开披露信息调整而成。

表6　2013年挂牌公司定向增发主要发行对象情况

证券代码	公司简称	发行对象:原有股东		发行对象:新增股东	
		原股东名称	金额(元)	新股东名称	金额(元)
430037	联飞翔	郑淑芬等3名在册股东	3199985.40	公司高管张建军与20名核心员工	6210000
430038	信维科技	无	无	北京卓实创信科技中心(有限合伙)	3841600
430071	首都在线	无	无	宁波梅山保税港区云拓投资管理合伙企业(有限合伙)	593280
430080	尚水股份	刘颖等在册股东2名	614376	王宇等核心员工12人;贺延雷等董事、监事等3名	1173736
430084	星和众工	在册股东16人	538000	北京亦庄国际投资发展有限公司、国泰君安创新投资有限公司、凤博股权投资基金管理公司;宋超群等7名员工	47882000
430085	新锐英诚	李文超、苏涛2人	2000000	上海昌瑞投资有限公司	12000000
430093	掌上通	田静	150000	邓昭耀等公司员工25人;河北凤博股权投资基金管理有限责任公司、上海屹和投资管理合伙企业(有限合伙)、北京叠金嘉丰投资管理中心(有限合伙);自然人赵凤英(非关联方)	8850000
430098	大津股份	洋浦建衡嘉泰投资咨询有限公司	20625000	无	无
430099	理想固网	无	无	上海屹和投资管理合伙企业(有限合伙)、上海盛民工程建设管理咨询有限公司、北京叠金嘉信投资管理中心(有限合伙);胡巍等董、监、高及核心员工13人	9800000
430100	九尊能源	无	无	北京丰图投资有限责任公司	5002560
430103	天大清源	无	无	上海冠英清甲投资管理合伙企业(有限合伙)、上海冠英清乙投资管理合伙企业(有限合伙)	49999988.08
430104	全三维	北京北航天华科技有限责任公司、哈尔滨工业大学实业开发总公司	55932	中广核节能产业发展有限公司认购、北京融智慧泉科技有限公司认购	6344068

续表

证券代码	公司简称	发行对象:原有股东		发行对象:新增股东	
		原股东名称	金额(元)	新股东名称	金额(元)
430109	中航讯	倪军等8人	4000000	兰宁、郭婉霞2名核心员工	600000
430112	弘祥隆	江玉龙等2人	5460000	叶向辉等11人(其中李增祥现任公司董事、副总经理及董事会秘书)	5454000
430120	金润科技	北京卓奥峰投资管理中心(有限合伙)	888000	京科技园拍卖招标有限公司、北京国泰建中管理咨询有限公司、北京建智达建筑咨询有限公司	1894400
430123	速原中天	洪美云等10人	5040000	北京汇沣高新投资管理有限公司	3600000
430132	国铁科林	无	无	天润尼雅(北京)投资管理有限公司	6501000
430141	久日化学	河北国创创业投资有限公司、天创博盛(天津)股权投资基金合伙企业(有限合伙)	10992160	天津海泰红土创新投资有限公司	4000160
430147	中矿龙科	凌标灿等7人	28530000	屈洪亮等27名核心员工(其中屈洪亮为董事会秘书,毛洪元、常庆雪为公司监事);北京晋商登峰创业投资有限公司	7470000
430148	科能腾达	常磊、谭秋雨2名在册股东	1088000	北京信和富达投资管理有限公司;熊瑛、张娜2名自然人	2176000
430152	思创银联	无	无	张媛媛等18名自然人(其中范增琦为公司职工监事,张媛媛为公司财务总监,王登高为公司副总经理,李毅等15人被认定为公司核心员工);上海天微投资咨询有限公司	5040000
430170	金易通	无	无	北京中矿易通股权投资有限公司	10080000
430174	沃捷传媒	无	无	李秀梅等核心员工与高级管理、监事13名;金信祥泰创业投资(北京)有限公司;启迪创新(天津)股权投资基金合伙企业(有限合伙);北京基石创业投资基金(有限合伙);北京蓝海华业科技发展有限公司;闻洁1名自然人	39270000

续表

证券代码	公司简称	发行对象:原有股东		发行对象:新增股东	
		原股东名称	金额(元)	新股东名称	金额(元)
430176	中教股份	常州鑫泊投资中心(有限合伙)、扬州福源智业投资中心	45000000	北京晋商登峰创业投资有限公司、北京天星北斗投资管理中心(有限合伙)、华盖资本有限责任公司;杨昆晖	30000000
430184	北方跃龙	无	无	王彬生	1998000
430192	东展科博	无	无	北京中诚永道投资管理中心(有限合伙)	8000001
430194	锐风行	无	无	北京中诚永道投资管理中心(有限合作)	5999980.30
430196	宣爱智能	郭淑娟等 11 人	3151806	孔祥芬等董、高、监及核心员工 10 人	291594
430198	微创光电	张金静等 17 人	8640000	无	无
430202	星河科技	江俭	1000000	北京晋商资本管理有限公司	3000000
430206	尚远环保	无	无	大庆盈瑞科技开发有限公司、宁波明谷投资合伙企业(有限合伙)、石河子安胜投资合伙企业(有限合伙)、新疆贞冠股权投资合伙企业(有限合伙)、大庆科信科技开发有限公司、大庆科维建筑安装工程有限公司、武汉安达胜投资合伙企业(有限合伙)	30156989.10
430208	优炫软件	天津联怡科技有限公司	16800000	无	无
430210	舜能润滑	天津舜能投资有限公司	13680000	大元投资集团有限公司	12000000
430212	六合伟业	羊东军等 2 人	1825000	王晓蕾等董、监、高及核心员工 34 人	5675000
430212	六合伟业	羊东军等 6 人	1700000	王羽等 28 名核心员工	3300000
430065	中海阳	杜简等 21 人;北京鹏润资产管理有限公司、厦门融信投资有限公司、深圳市银桦投资管理有限公司、石家庄宇恩投资咨询有限公司等 10 家公司	22514400	徐松等核心员工 11 人;王海生、方海伟 2 名自然人(非关联方);申银万国创新证券投资有限公司、上海求章电子科技有限公司、上海昌华宝瑞投资有限公司	41085600

续表

证券代码	公司简称	发行对象:原有股东		发行对象:新增股东	
		原股东名称	金额(元)	新股东名称	金额(元)
430050	博朗环境	无	无	上海正赛联创业投资有限公司	28600000
430075	中讯四方	秦泽娟	120000	丁芳等核心员工18人;闫丽萍等自然人3名;河北风博股权投资基金管理有限责任公司、上海尚宝投资管理有限公司	41880000
430143	武大科技	倪昆等7人;武汉大学资产经营投资管理有限责任公司、武汉武大立元投资管理有限公司、武汉市思域投资咨询有限公司、武汉国瑞投资有限公司等7家公司	32547000	覃丹等17名核心员工和高级管理;武汉华森塑胶有限公司、湖北省葛店经济技术开发区开发总公司	27453000
430144	煦联得	潘广魁等16人;北京启迪汇德创业投资有限公司、北京惠安中盈科技有限公司、启迪创业投资管理(北京)有限公司	20700000	无	无
430152	思创银联	无	无	北京中云融汇投资中心(有限合伙)	15000000
430169	融智通	北京睿之帆科贸有限公司	500000	何平山等董、监、高及核心员工16人	500000
430169	融智通	无	无	无锡正海联云投资企业(有限合伙)	800000
430179	宇昂科技	王宇等2人;上海鸣凤投资有限公司	600000	无	无
430182	全网数商	徐王献	2140000	无	无
430213	乐升股份	张远;苏州工业园区乐升软件有限公司	28800000	无	无
430231	赛诺达	刘春义	5300000	无	无

续表

证券代码	公司简称	发行对象:原有股东		发行对象:新增股东	
		原股东名称	金额(元)	新股东名称	金额(元)
430235	典雅天地	无	无	曲敬东等自然人2名;北京博大会成投资管理中心(有限合伙)、北京叠金嘉信投资管理中心(有限合伙)、北京嘉实财富投资有限公司、北京博宇先锋投资管理有限公司	2358073
430250	智网科技	张传峰	292500	李晓辉等董、监、高及核心员工16人	2231700
430254	中卉生态	柯思征等3人	7670000	郑志树等董、监、高及核心员工4人;陈世安等自然人2名	4130000
430263	蓝天环保	无	无	公司董事李增祥;杨岩等自然人3名;北京未名雅集投资管理中心(有限合伙企业)	10240020
430276	晟矽微电	无	无	上海科技投资公司、上海汉理前隆股权投资合伙企业(有限合伙)、上海汉理前景股权投资合伙企业(有限合伙)	9240000
430279	华安股份	无	无	上海屹和投资管理合伙企业(有限合伙)	5000000
430300	辰光医疗	无	无	中国—比利时直接股权投资基金、上海岚岛投资管理合伙企业(有限合伙)	30000000
430310	博易股份	无	无	公司董事石中献、深圳市君丰合创成长投资合伙企业(有限合伙)	3500000
430318	四维传媒	无	无	深圳市达晨创泰股权投资企业(有限合伙)、深圳市达晨创恒股权投资企业(有限合伙)、深圳市达晨创瑞股权投资企业(有限合伙)	47600000
430323	天阶生物	无	无	孙海峰等自然人2名	3680000
430348	瑞斯福	无	无	自然人李润渤	5000000
430348	瑞斯福	无	无	自然人高飞	4450000

续表

证券代码	公司简称	发行对象:原有股东		发行对象:新增股东	
		原股东名称	金额(元)	新股东名称	金额(元)
430358	基美影业	无	无	方加春等自然人2名;广州越秀新兴产业创业投资合伙企业(有限合伙)、重庆越秀卓越股权投资基金合伙企业(有限合伙)、上海追电投资管理合伙企业(有限合伙)、上海丰实影美投资管理合伙企业(有限合伙)、深圳市华尔信投资合伙企业(有限合伙)	90000095.63
430362	东电创新	李洋等3人	1600000	李淑萍等自然人8名	5400000

二、新三板挂牌主要法律、法规

非上市公众公司监督管理办法

2012年9月28日中国证券监督管理委员会第17次主席办公会议审议通过，根据2013年12月26日中国证券监督管理委员会《关于修改〈非上市公众公司监督管理办法〉的决定》修订。

第一章　总则

第一条　为了规范非上市公众公司股票转让和发行行为，保护投资者合法权益，维护社会公共利益，根据《证券法》《公司法》及相关法律法规的规定，制定本办法。

第二条　本办法所称非上市公众公司（以下简称“公众公司”）是指有下列情形之一且其股票未在证券交易所上市交易的股份有限公司：

（一）股票向特定对象发行或者转让导致股东累计超过200人；

（二）股票公开转让。

第三条　公众公司应当按照法律、行政法规、本办法和公司章程的规定，做到股权明晰，合法规范经营，公司治理机制健全，履行信息披露义务。

第四条　公众公司公开转让股票应当在全国中小企业股份转让系统进行，公开转让的公众公司股票应当在中国证券登记结算公司集中登记存管。

第五条　公众公司可以依法进行股权融资、债权融资、资产重组等。

公众公司发行优先股等证券品种，应当遵守法律、行政法规和中国证券监督管理委员会（以下简称“中国证监会”）的相关规定。

第六条　为公司出具专项文件的证券公司、律师事务所、会计师事务所及其他证券服务机构，应当勤勉尽责、诚实守信，认真履行审慎核查义务，按照依法制定的业务规则、行业执业规范和职业道德准则发表专业意见，保证所出具文件的真实性、准确性和完整性，并接受中国证监会的监管。

第二章　公司治理

第七条　公众公司应当依法制定公司章程。

中国证监会依法对公众公司章程必备条款作出具体规定，规范公司章程的制定和修改。

第八条　公众公司应当建立兼顾公司特点和公司治理机制基本要求的股东大会、董事会、监事会制度，明晰职责和议事规则。

第九条　公众公司的治理结构应当确保所有股东，特别是中小股东充分行使法律、行政法规和公司章程规定的合法权利。

股东对法律、行政法规和公司章程规定的公司重大事项，享有知情权和参与权。

公众公司应当建立健全投资者关系管理，保护投资者的合法权益。

第十条　公众公司股东大会、董事会、监事会的召集、提案审议、通知时间、召开程序、授权委托、表决和决议等应当符合法律、行政法规和公司章程的规定；会议记录应当完整并安全保存。

股东大会的提案审议应当符合程序，保障股东的知情权、参与权、质询权和表决权；董事会应当在职权范围和股东大会授权范围内对审议事项作出决议，不得代替股东大会对超出董事会职权范围和授权范围的事项进行决议。

第十一条　公众公司董事会应当对公司的治理机制是否给所有的股东提供合适的保护和平等权利等情况进行充分讨论、评估。

第十二条　公众公司应当强化内部管理，按照相关规定建立会计核算体系、财务管理和风险控制等制度，确保公司财务报告真实可靠及行为合法合规。

第十三条　公众公司进行关联交易应当遵循平等、自愿、等价、有偿的原则，保证交易公平、公允，维护公司的合法权益，根据法律、行政法规、中国证监会的规定和公司章程，履行相应的审议程序。

第十四条 公众公司应当采取有效措施防止股东及其关联方以各种形式占用或者转移公司的资金、资产及其他资源。

第十五条 公众公司实施并购重组行为，应当按照法律、行政法规、中国证监会的规定和公司章程，履行相应的决策程序并聘请证券公司和相关证券服务机构出具专业意见。

任何单位和个人不得利用并购重组损害公众公司及其股东的合法权益。

第十六条 进行公众公司收购，收购人或者其实际控制人应当具有健全的公司治理机制和良好的诚信记录。收购人不得以任何形式从被收购公司获得财务资助，不得利用收购活动损害被收购公司及其股东的合法权益。

在公众公司收购中，收购人持有的被收购公司的股份，在收购完成后12 个月内不得转让。

第十七条 公众公司实施重大资产重组，重组的相关资产应当权属清晰、定价公允，重组后的公众公司治理机制健全，不得损害公众公司和股东的合法权益。

第十八条 公众公司应当按照法律的规定，同时结合公司的实际情况在章程中约定建立表决权回避制度。

第十九条 公众公司应当在章程中约定纠纷解决机制。股东有权按照法律、行政法规和公司章程的规定，通过仲裁、民事诉讼或者其他法律手段保护其合法权益。

第三章 信息披露

第二十条 公司及其他信息披露义务人应当按照法律、行政法规和中国证监会的规定，真实、准确、完整、及时地披露信息，不得有虚假记载、误导性陈述或者重大遗漏。公司及其他信息披露义务人应当向所有投资者同时公开披露信息。

公司的董事、监事、高级管理人员应当忠实、勤勉地履行职责，保证公司披露信息的真实、准确、完整、及时。

第二十一条 信息披露文件主要包括公开转让说明书、定向转让说明书、定向发行说明书、发行情况报告书、定期报告和临时报告等。具体的内容与格式、编制规则及披露要求，由中国证监会另行制定。

第二十二条 股票公开转让与定向发行的公众公司应当披露半年度报告、年度报告。年度报告中的财务会计报告应当经具有证券期货相关业务资格的会计师事务所审计。

股票向特定对象转让导致股东累计超过 200 人的公众公司，应当披露年度报告。年度报告中的财务会计报告应当经会计师事务所审计。

第二十三条 公众公司董事、高级管理人员应当对定期报告签署书面确认意见；对报告内容有异议的，应当单独陈述理由，并与定期报告同时披露。公众公司不得以董事、高级管理人员对定期报告内容有异议为由不按时披露定期报告。

公众公司监事会应当对董事会编制的定期报告进行审核并提出书面审核意见，说明董事会对定期报告的编制和审核程序是否符合法律、行政法规、中国证监会的规定和公司章程，报告的内容是否能够真实、准确、完整地反映公司实际情况。

第二十四条 证券公司、律师事务所、会计师事务所及其他证券服务机构出具的文件和其他有关的重要文件应当作为备查文件，予以披露。

第二十五条 发生可能对股票价格产生较大影响的重大事件，投资者尚未得知时，公众公司应当立即将有关该重大事件的情况报送临时报告，并予以公告，说明事件的起因、目前的状态和可能产生的后果。

第二十六条 公众公司实施并购重组的，相关信息披露义务人应当依法严格履行公告义务，并及时准确地向公众公司通报有关信息，配合公众公司及时、准确、完整地进行披露。

参与并购重组的相关单位和人员，在并购重组的信息依法披露前负有保密义务，禁止利用该信息进行内幕交易。

第二十七条 公众公司应当制定信息披露事务管理制度并指定具有

相关专业知识的人员负责信息披露事务。

第二十八条　除监事会公告外，公众公司披露的信息应当以董事会公告的形式发布。董事、监事、高级管理人员非经董事会书面授权，不得对外发布未披露的信息。

第二十九条　公司及其他信息披露义务人依法披露的信息，应当在中国证监会指定的信息披露平台公布。公司及其他信息披露义务人可在公司网站或者其他公众媒体上刊登依本办法必须披露的信息，但披露的内容应当完全一致，且不得早于在中国证监会指定的信息披露平台披露的时间。

股票向特定对象转让导致股东累计超过200人的公众公司可以在公司章程中约定其他信息披露方式；在中国证监会指定的信息披露平台披露相关信息的，应当符合本条第一款的要求。

第三十条　公司及其他信息披露义务人应当将信息披露公告文稿和相关备查文件置备于公司住所供社会公众查阅。

第三十一条　公司应当配合为其提供服务的证券公司及律师事务所、会计师事务所等证券服务机构的工作，按要求提供所需资料，不得要求证券公司、证券服务机构出具与客观事实不符的文件或者阻碍其工作。

第四章　股票转让

第三十二条　股票向特定对象转让导致股东累计超过200人的股份有限公司，应当自上述行为发生之日起3个月内，按照中国证监会有关规定制作申请文件，申请文件应当包括但不限于：定向转让说明书、律师事务所出具的法律意见书、会计师事务所出具的审计报告。股份有限公司持申请文件向中国证监会申请核准。在提交申请文件前，股份有限公司应当将相关情况通知所有股东。

在3个月内股东人数降至200人以内的，可以不提出申请。

股票向特定对象转让应当以非公开方式协议转让。申请股票公开转让的，按照本办法第三十三条、第三十四条的规定办理。

第三十三条　公司申请其股票公开转让的，董事会应当依法就股票公开转让的具体方案作出决议，并提请股东大会批准，股东大会决议必须经出席会议的股东所持表决权的2/3以上通过。

董事会和股东大会决议中还应当包括以下内容：

（一）按照中国证监会的相关规定修改公司章程；

（二）按照法律、行政法规和公司章程的规定建立健全公司治理机制；

（三）履行信息披露义务，按照相关规定披露公开转让说明书、年度报告、半年度报告及其他信息披露内容。

第三十四条 股东人数超过200人的公司申请其股票公开转让，应当按照中国证监会有关规定制作公开转让的申请文件，申请文件应当包括但不限于：公开转让说明书、律师事务所出具的法律意见书、具有证券期货相关业务资格的会计师事务所出具的审计报告、证券公司出具的推荐文件。公司持申请文件向中国证监会申请核准。

公开转让说明书应当在公开转让前披露。

第三十五条 中国证监会受理申请文件后，依法对公司治理和信息披露进行审核，在20个工作日内作出核准、中止审核、终止审核、不予核准的决定。

第三十六条 股东人数未超过200人的公司申请其股票公开转让，中国证监会豁免核准，由全国中小企业股份转让系统进行审查。

第三十七条 公司及其董事、监事、高级管理人员，应当对公开转让说明书、定向转让说明书签署书面确认意见，保证所披露的信息真实、准确、完整。

第三十八条 本办法施行前股东人数超过200人的股份有限公司，符合条件的，可以申请在全国中小企业股份转让系统挂牌公开转让股票、首次公开发行并在证券交易所上市。

第五章 定向发行

第三十九条 本办法所称定向发行包括向特定对象发行股票导致股东累计超过200人，以及股东人数超过200人的公众公司向特定对象发行股票两种情形。

前款所称特定对象的范围包括下列机构或者自然人:

(一)公司股东;

(二)公司的董事、监事、高级管理人员、核心员工;

(三)符合投资者适当性管理规定的自然人投资者、法人投资者及其他经济组织。

公司确定发行对象时,符合本条第二款第(二)项、第(三)项规定的投资者合计不得超过 35 名。

核心员工的认定,应当由公司董事会提名,并向全体员工公示和征求意见,由监事会发表明确意见后,经股东大会审议批准。

投资者适当性管理规定由中国证监会另行制定。

第四十条 公司应当对发行对象的身份进行确认,有充分理由确信发行对象符合本办法和公司的相关规定。

公司应当与发行对象签订包含风险揭示条款的认购协议。

第四十一条 公司董事会应当依法就本次股票发行的具体方案作出决议,并提请股东大会批准,股东大会决议必须经出席会议的股东所持表决权的 2/3 以上通过。

申请向特定对象发行股票导致股东累计超过 200 人的股份有限公司,董事会和股东大会决议中还应当包括以下内容:

(一)按照中国证监会的相关规定修改公司章程;

(二)按照法律、行政法规和公司章程的规定建立健全公司治理机制;

(三)履行信息披露义务,按照相关规定披露定向发行说明书、发行情况报告书、年度报告、半年度报告及其他信息披露内容。

第四十二条 公司应当按照中国证监会有关规定制作定向发行的申请文件,申请文件应当包括但不限于:定向发行说明书、律师事务所出具的法律意见书、具有证券期货相关业务资格的会计师事务所出具的审计报告、证券公司出具的推荐文件。公司持申请文件向中国证监会申请核准。

第四十三条 中国证监会受理申请文件后，依法对公司治理和信息披露以及发行对象情况进行审核，在20个工作日内作出核准、中止审核、终止审核、不予核准的决定。

第四十四条 公司申请定向发行股票，可申请一次核准，分期发行。自中国证监会予以核准之日起，公司应当在3个月内首期发行，剩余数量应当在12个月内发行完毕。超过核准文件限定的有效期未发行的，须重新经中国证监会核准后方可发行。首期发行数量应当不少于总发行数量的50%，剩余各期发行的数量由公司自行确定，每期发行后5个工作日内将发行情况报中国证监会备案。

第四十五条 在全国中小企业股份转让系统挂牌公开转让股票的公众公司向特定对象发行股票后股东累计不超过200人的，中国证监会豁免核准，由全国中小企业股份转让系统自律管理，但发行对象应当符合本办法第三十九条的规定。

第四十六条 股票发行结束后，公众公司应当按照中国证监会的有关要求编制并披露发行情况报告书。申请分期发行的公众公司应在每期发行后按照中国证监会的有关要求进行披露，并在全部发行结束或者超过核准文件有效期后按照中国证监会的有关要求编制并披露发行情况报告书。

豁免向中国证监会申请核准定向发行的公众公司，应当在发行结束后按照中国证监会的有关要求编制并披露发行情况报告书。

第四十七条 公司及其董事、监事、高级管理人员，应当对定向发行说明书、发行情况报告书签署书面确认意见，保证所披露的信息真实、准确、完整。

第四十八条 公众公司定向发行股份购买资产的，按照本章有关规定办理。

第六章 监督管理

第四十九条 中国证监会会同国务院有关部门、地方人民政府，依照法律法规和国务院有关规定，各司其职，分工协作，对公众公司进行持续监管，防范风险，维护证券市场秩序。

第五十条 中国证监会依法履行对公司股票转让、定向发行、信息披露的监管职责，有权对公司、证券公司、证券服务机构采取《证券法》第一百八十条规定的措施。

第五十一条 全国中小企业股份转让系统应当发挥自律管理作用，对在全国中小企业股份转让系统公开转让股票的公众公司及相关信息披露义务人披露信息进行监督，督促其依法及时、准确地披露信息。发现公开转让股票的公众公司及相关信息披露义务人有违反法律、行政法规和中国证监会相关规定的行为，应当向中国证监会报告，并采取自律管理措施。

第五十二条 中国证券业协会应当发挥自律管理作用，对从事公司股票转让和定向发行业务的证券公司进行监督，督促其勤勉尽责地履行尽职调查和督导职责。发现证券公司有违反法律、行政法规和中国证监会相关规定的行为，应当向中国证监会报告，并采取自律管理措施。

第五十三条 中国证监会可以要求公司及其他信息披露义务人或者其董事、监事、高级管理人员对有关信息披露问题作出解释、说明或者提供相关资料，并要求公司提供证券公司或者证券服务机构的专业意见。

中国证监会对证券公司和证券服务机构出具文件的真实性、准确性、完整性有疑义的，可以要求相关机构作出解释、补充，并调阅其工作底稿。

第五十四条 证券公司在从事股票转让、定向发行等业务活动中，应当按照中国证监会的有关规定勤勉尽责地进行尽职调查，规范履行内核程序，认真编制相关文件，并持续督导所推荐公司及时履行信息披露义务、完善公司治理。

第五十五条 证券服务机构为公司的股票转让、定向发行等活动出具审计报告、资产评估报告或者法律意见书等文件的，应当严格履行法定职责，遵循勤勉尽责和诚实信用原则，对公司的主体资格、股本情况、规范运作、财务状况、公司治理、信息披露等内容的真实性、准确性、完整性进行充分的核查和验证，并保证其出具的文件不存在虚假记载、误导性陈述或者重大遗漏。

第五十六条 中国证监会依法对公司进行监督检查或者调查，公司有义务提供相关文件资料。对于发现问题的公司，中国证监会可以采取责令改正、监管谈话、责令公开说明、出具警示函等监管措施，并记入诚信档案；涉嫌违法、犯罪的，应当立案调查或者移送司法机关。

第七章 法律责任

第五十七条 公司以欺骗手段骗取核准的，公司报送的报告有虚假记载、误导性陈述或者重大遗漏的，除依照《证券法》有关规定进行处罚外，中国证监会可以采取终止审核并自确认之日起在36个月内不受理公司的股票转让和定向发行申请的监管措施。

第五十八条 公司未按照本办法第三十二条、第三十四条、第四十二条规定，擅自转让或者发行股票的，按照《证券法》第一百八十八条的规定进行处罚。

第五十九条 证券公司、证券服务机构出具的文件有虚假记载、误导性陈述或者重大遗漏的，除依照《证券法》及相关法律法规的规定处罚外，中国证监会可视情节轻重，自确认之日起采取3个月至12个月内不接受该机构出具的相关专项文件，36个月内不接受相关签字人员出具的专项文件的监管措施。

第六十条 公司及其他信息披露义务人未按照规定披露信息，或者所披露的信息有虚假记载、误导性陈述或者重大遗漏的，依照《证券法》第一百九十三条的规定进行处罚。

第六十一条 公司向不符合本办法规定条件的投资者发行股票的，中国证监会可以责令改正，并可以自确认之日起在36个月内不受理其申请。

第六十二条 信息披露义务人及其董事、监事、高级管理人员，公司控股股东、实际控制人，为信息披露义务人出具专项文件的证券公司、证券服务机构及其工作人员，违反《证券法》、行政法规和中国证监会相关规定的，中国证监会可以采取责令改正、监管谈话、出具警示函、认定为不适当人选等监管措施，并记入诚信档案；情节严重的，中国证监会可以对有关责任人员采取证券市场禁入的措施。

第六十三条 公众公司内幕信息知情人或非法获取内幕信息的人，在对公众公司股票价格有重大影响的信息公开前，泄露该信息、买卖或者建议他人买卖该股票的，依照《证券法》第二百零二条的规定进行处罚。

第八章 附则

第六十四条 公众公司向不特定对象公开发行股票的，应当遵守《证券法》和中国证监会的相关规定。

公众公司申请在证券交易所上市的，应当遵守中国证监会和证券交易所的相关规定。

第六十五条 本办法施行前股东人数超过 200 人的股份有限公司，不在全国中小企业股份转让系统挂牌公开转让股票或证券交易所上市的，应当按相关要 求规范后申请纳入非上市公众公司监管。

第六十六条 本办法所称股份有限公司是指首次申请股票转让或定向发行的股份有限公司；所称公司包括非上市公众公司和首次申请股票转让或定向发行的股份有限公司。

第六十七条 本办法自 2013 年 1 月 1 日起施行。

非上市公众公司监管指引第 1 号——信息披露

为了规范非上市公众公司信息披露行为，根据《公司法》《证券法》和《非上市公众公司监督管理办法》的有关规定，现明确监管要求如下：

一、信息披露的内容。股票公开转让、股票向特定对象发行或者转让导致股东累计超过 200 人的公司，应当在公开转让说明书、定向发行说明书或者定向转让说明书中披露以下内容：

（一）公司基本信息、股本和股东情况、公司治理情况；

（二）公司主要业务、产品或者服务及公司所属行业；

（三）报告期内的财务报表、审计报告。

定向发行说明书还应当披露发行对象或者范围、发行价格或者区间、发行数量。

非上市公众公司也可以根据自身实际情况以及投资者的需求，更加详细地披露公司的其他情况。

二、信息披露的基本要求。非上市公众公司及其董事、监事、高级管理人员应当保证披露的信息真实、准确、完整，不存在虚假记载、误导性陈述或者重大遗漏，并对其真实性、准确性、完整性承担相应的法律责任。

非上市公众公司应当建立与股东沟通的有效渠道，对股东或者市场质疑的事项应当及时、客观地进行澄清或者说明。

三、信息披露平台。非上市公众公司应当本着股东能及时、便捷获得公司信息的原则，并结合自身实际情况，自主选择一种或者多种信息披露平台，如非上市公众公司信息披露网站（nlpc. csrc. gov. cn）、公共媒体或者公司网站，也可以选择公司章程约定的方式或者股东认可的其他方式。无论采取何种信息披露方式，均应当经股东大会审议通过。

股票在依法设立的证券交易场所公开转让的非上市公众公司，应当通过证券交易场所要求的平台披露信息。

四、依法设立的证券交易场所可以在本指引的基础上，对股票公开转让的非上市公众公司制定更详尽、更严格的信息披露标准；公司应当按照从高从严的标准遵守证券交易场所的相关规定。

五、非上市公众公司年度报告、半年度报告按照本指引进行披露。

非上市公众公司监管指引第 2 号——申请文件

为了规范非上市公众公司股票公开转让、定向转让及定向发行申请文件的内容与格式,根据《证券法》和《非上市公众公司监督管理办法》的有关规定,现明确监管要求如下:

一、股票公开转让、股票向特定对象发行或者转让导致股东累计超过 200 人的公司,在向中国证监会申请核准时,应当按本指引的要求制作和报送下列申请文件:

(一)申请报告;

(二)公开转让说明书/定向转让说明书/定向发行说明书;

(三)公司章程(草案);

(四)企业法人营业执照;

(五)股东大会及董事会相关决议;

(六)财务报表及审计报告;

(七)法律意见书;

(八)证券公司关于公开转让/定向发行的推荐工作报告;

(九)中国证监会规定的其他文件。

二、公司应当保证申请文件内容真实、准确、完整,不存在虚假记载、误导性陈述或者重大遗漏。证券公司、证券服务机构及人员应当做到勤勉尽责、诚实守信,并对其出具的相关文件及申请文件中引用内容的真实性、准确性、完整性承担相应的法律责任。

三、公司编制申请文件时,应当尽量使用事实描述性语言;申请文件所有需要签名处,均应为签名人亲笔签名,不得以名章、签名章等代替;公司初次报送申请文件,应当提交原件 1 份、复印件 2 份;每次报送书面申请文件的同时,还应当报送 1 份相应的标准电子文件(标准 . doc 或者 . rtf

格式文件）。申请文件一经受理，未经中国证监会同意，不得增加、撤回或者更换。

四、依法设立的证券交易场所可以要求股票公开转让的非上市公众公司报送除上述文件之外的其他文件；公司应当遵守证券交易场所的相关规定。

非上市公众公司监管指引第3号——章程必备条款

第一条 公司章程应当符合本指引的相关规定。

第二条 章程总则应当载明章程的法律效力,规定章程自生效之日起,即成为规范公司的组织和行为、公司与股东、股东与股东之间权利义务关系的具有约束力的法律文件,对公司、股东、董事、监事、高级管理人员具有法律约束力。

第三条 章程应当载明公司股票采用记名方式,并明确公司股票的登记存管机构以及股东名册的管理规定。

第四条 章程应当载明保障股东享有知情权、参与权、质询权和表决权的具体安排。

第五条 章程应当载明公司为防止股东及其关联方占用或者转移公司资金、资产及其他资源的具体安排。

第六条 章程应当载明公司控股股东和实际控制人的诚信义务。明确规定控股股东及实际控制人不得利用各种方式损害公司和其他股东的合法权益;控股股东及实际控制人违反相关法律、法规及章程规定,给公司及其他股东造成损失的,应承担赔偿责任。

第七条 章程应当载明须提交股东大会审议的重大事项的范围。

章程应当载明须经股东大会特别决议通过的重大事项的范围。

公司还应当在章程中载明重大担保事项的范围。

第八条 章程应当载明董事会须对公司治理机制是否给所有的股东提供合适的保护和平等权利,以及公司治理结构是否合理、有效等情况,进行讨论、评估。

第九条 章程应当载明公司依法披露定期报告和临时报告。

第十条 章程应当载明公司信息披露负责机构及负责人。如公司设置董事会秘书的,则应当由董事会秘书负责信息披露事务。

第十一条 章程应当载明公司的利润分配制度。章程可以就现金分红的具体条件和比例、未分配利润的使用原则等政策作出具体规定。

第十二条 章程应当载明公司关于投资者关系管理工作的内容和方式。

第十三条 股票不在依法设立的证券交易场所公开转让的公司应当在章程中规定,公司股东应当以非公开方式协议转让股份,不得采取公开方式向社会公众转让股份,并明确股东协议转让股份后,应当及时告知公司,同时在登记存管机构办理登记过户。

第十四条 公司章程应当载明公司、股东、董事、监事、高级管理人员之间涉及章程规定的纠纷,应当先行通过协商解决。

协商不成的,通过仲裁或诉讼等方式解决。如选择仲裁方式的,应当指定明确具体的仲裁机构进行仲裁。

第十五条 公司股东大会选举董事、监事,如实行累积投票制的,应当在章程中对相关具体安排作出明确规定。

公司如建立独立董事制度的,应当在章程中明确独立董事的权利义务、职责及履职程序。

公司如实施关联股东、董事回避制度,应当在章程中列明需要回避的事项。

非上市公众公司监管指引第 4 号
——股东人数超过 200 人的未上市股份有限公司申请行政许可有关问题的审核指引

《证券法》第十条明确规定“向特定对象发行证券累计超过二百人的”属于公开发行，需依法报经中国证监会核准。对于股东人数已经超过 200 人的未上市股份有限公司（以下简称“200 人公司”），符合本指引规定的，可申请公开发行并在证券交易所上市、在全国中小企业股份转让系统（以下简称“全国股份转让系统”）挂牌公开转让等行政许可。对 200 人公司合规性的审核纳入行政许可过程中一并审核，不再单独审核。现将 200 人公司的审核标准、申请文件、股份代持及间接持股处理等事项的监管要求明确如下：

一、审核标准

200 人公司申请行政许可的合规性应当符合本指引规定的下列要求：

（一）公司依法设立且合法存续

200 人公司的设立、增资等行为不违反当时法律明确的禁止性规定，目前处于合法存续状态。城市商业银行、农村商业银行等银行业股份公司应当符合《关于规范金融企业内部职工持股的通知》（财金〔2010〕97 号）。

200 人公司的设立、历次增资依法需要批准的，应当经过有权部门的批准。存在不规范情形的，应当经过规范整改，并经当地省级人民政府确认。

200 人公司在股份形成及转让过程中不存在虚假陈述、出资不实、股权管理混乱等情形，不存在重大诉讼、纠纷以及重大风险隐患。

（二）股权清晰

200 人公司的股权清晰，是指股权形成真实、有效，权属清晰及股权结构清晰。具体要求包括：

1. 股权权属明确。200 人公司应当设置股东名册并进行有序管理，股东、公司及相关方对股份归属、股份数量及持股比例无异议。股权结构中存在工会或职工持股会代持、委托持股、信托持股、以及通过“持股平台”间接持股等情形的，应当按照本指引的相关规定进行规范。

本指引所称“持股平台”是指单纯以持股为目的的合伙企业、公司等持股主体。

2. 股东与公司之间、股东之间、股东与第三方之间不存在重大股份权属争议、纠纷或潜在纠纷。

3. 股东出资行为真实，不存在重大法律瑕疵，或者相关行为已经得到有效规范，不存在风险隐患。

申请行政许可的 200 人公司应当对股份进行确权，通过公证、律师见证等方式明确股份的权属。申请公开发行并在证券交易所上市的，经过确权的股份数量应当达到股份总数的 90% 以上（含 90%）；申请在全国股份转让系统挂牌公开转让的，经过确权的股份数量应当达到股份总数的 80% 以上（含 80%）。未确权的部分应当设立股份托管账户，专户管理，并明确披露有关责任的承担主体。

（三）经营规范

200 人公司持续规范经营，不存在资不抵债或者明显缺乏清偿能力等破产风险的情形。

（四）公司治理与信息披露制度健全

200 人公司按照中国证监会的相关规定，已经建立健全了公司治理机制和履行信息披露义务的各项制度。

二、申请文件

（一）200 人公司申请行政许可，应当提交下列文件：

1. 企业法人营业执照；

2. 公司关于股权形成过程的专项说明；

3. 设立、历次增资的批准文件；

4. 证券公司出具的专项核查报告；

5. 律师事务所出具的专项法律意见书，或者在提交行政许可的法律意见书中出具专项法律意见。

以上各项文件如已在申请公开发行并在证券交易所上市或者在全国股份转让系统挂牌公开转让的申请文件中提交，可不重复提交。

（二）存在下列情形之一的，应当报送省级人民政府出具的确认函：

1. 1994 年 7 月 1 日《公司法》实施前，经过体改部门批准设立，但存在内部职工股超范围或超比例发行、法人股向社会个人发行等不规范情形的定向募集公司。

2. 1994 年 7 月 1 日《公司法》实施前，依法批准向社会公开发行股票的公司。

3. 按照《国务院办公厅转发证监会关于清理整顿场外非法股票交易方案的通知》（国办发〔1998〕10 号），清理整顿证券交易场所后“下柜”形成的股东超过 200 人的公司。

4. 中国证监会认为需要省级人民政府出具确认函的其他情形。

省级人民政府出具的确认函应当说明公司股份形成、规范的过程以及存在的问题，并明确承担相应责任。

（三）股份已经委托股份托管机构进行集中托管的，应当由股份托管机构出具股份托管情况的证明。股份未进行集中托管的，应当按照前款规定提供省级人民政府的确认函。

（四）属于 200 人公司的城市商业银行、农村商业银行等银行业股份公司应当提供中国银行业监督管理机构出具的监管意见。

三、关于股份代持及间接持股的处理

（一）一般规定

股份公司股权结构中存在工会代持、职工持股会代持、委托持股或信托持股等股份代持关系，或者存在通过“持股平台”间接持股的安排以致实际股东超过 200 人的，在依据本指引申请行政许可时，应当已经将代持股份还原至实际股东、将间接持股转为直接持股，并依法履行了相应的法律程序。

（二）特别规定

以私募股权基金、资产管理计划以及其他金融计划进行持股的，如果该金融计划是依据相关法律法规设立并规范运作，且已经接受证券监督管理机构监管的，可不进行股份还原或转为直接持股。

四、相关各方的责任

（一）公司及其相关人员的责任

在申请文件制作及申报过程中，公司及其控股股东、实际控制人、董事、监事及高级管理人员应当在申请文件中签名保证内容真实、准确、完整。

公司控股股东、实际控制人、董事、监事及高级管理人员应当积极配合相关证券公司、律师事务所、会计师事务所开展尽职调查。

（二）中介机构的职责

证券公司、律师事务所应当勤勉尽责，对公司股份形成、经营情况、公司治理及信息披露等方面进行充分核查验证，确保所出具的文件无虚假记载、误导性陈述或者重大遗漏。

五、附则

（一）申请行政许可的 200 人公司的控股股东、实际控制人或者重要控股子公司也属于 200 人公司的，应当依照本指引的要求进行规范。

（二）2006 年 1 月 1 日《证券法》修订实施后，未上市股份有限公司股东人数超过 200 人的，应当符合《证券法》和《非上市公众公司监督管理办法》的有关规定。国家另有规定的，从其规定。

（三）本指引自公布之日起施行。

非上市公众公司信息披露内容与格式准则第1号——公开转让说明书

第一章 总 则

第一条 为规范公开转让股票的非上市股份有限公司的信息披露行为，保护投资者合法权益，根据《公司法》《证券法》和《非上市公众公司监督管理办法》(证监会令第85号)的规定，制定本准则。

第二条 股东人数超过200人的股份有限公司(以下简称“申请人”)申请股票在全国中小企业股份转让系统(以下简称“全国股份转让系统”)公开转让，应按本准则编制公开转让说明书，作为向中国证券监督管理委员会(以下简称“中国证监会”)申请公开转让股票的必备法律文件，并按本准则的规定进行披露。

第三条 本准则的规定是对公开转让说明书信息披露的最低要求。不论本准则是否有明确规定，凡对投资者投资决策有重大影响的信息，均应披露。

申请人根据自身及所属行业或业态特征，可在本准则基础上增加有利于投资者判断和信息披露完整性的相关内容。本准则某些具体要求对申请人不适用的，申请人可根据实际情况，在不影响内容完整性的前提下作适当调整，但应在申报时作书面说明。

第四条 申请人在公开转让说明书中披露的所有信息应真实、准确、完整，不得有虚假记载、误导性陈述或重大遗漏。

第五条 申请人应在中国证监会指定网站披露公开转让说明书及其附件，并作公开转让股票提示性公告：“本公司公开转让股票申请已经中国证监会核准，本公司的股票将在全国中小企业股份转让系统公开转让，公开转让说明书及附件披露于中国证监会指定网站(nlpc. csrc. gov. cn)和全国股份转让系统公司指定信息披露平台(www. neeq. com. cn 或

www. neeq. cc),供投资者查阅”。

第六条 公开转让说明书扉页应载有如下声明:

“本公司及全体董事、监事、高级管理人员承诺公开转让说明书不存在虚假记载、误导性陈述或重大遗漏,并对其真实性、准确性、完整性承担个别和连带的法律责任。”

“本公司负责人和主管会计工作的负责人、会计机构负责人保证公开转让说明书中财务会计资料真实、完整。”

“中国证监会对本公司股票公开转让所作的任何决定或意见,均不表明其对本公司股票的价值或投资者的收益作出实质性判断或者保证。任何与之相反的声明均属虚假不实陈述。”

“根据《证券法》的规定,本公司经营与收益的变化,由本公司自行负责,由此变化引致的投资风险,由投资者自行承担。”

第二章 公开转让说明书

第一节 基本情况

第七条 申请人应简要披露下列情况:公司名称、法定代表人、设立日期、注册资本、住所、邮编、信息披露事务负责人、所属行业、经营范围、组织机构代码等。

第八条 申请人应披露公司股票种类,股票总量,每股面值,股东所持股份的限售安排及股东对所持股份自愿锁定的承诺。

第九条 申请人应披露公司股权结构图,并详细披露控股股东、实际控制人、前十名股东及其他持有5%以上股份的股东的名称、持股数量及比例、股东性质、股东之间的关联关系。

控股股东和实际控制人直接或间接持股存在质押或其他争议的,应披露具体情况。

第十条 申请人应简述公司历史沿革,主要包括:设立方式、发起人及其关联关系、设立以来股本形成及其变化情况、设立以来重大资产重组情况以及最近2年内实际控制人变化情况。

第十一条 申请人应披露董事、监事、高级管理人员的简要情况,主要包括：姓名、国籍及境外居留权、性别、年龄、学历、职称、现任职务及任期、职业经历。

第十二条 申请人应简要披露其控股子公司的情况，主要包括注册资本、主营业务、股东构成及持股比例、最近 1 年及 1 期末的总资产、净资产、最近 1 年及 1 期的净利润，并标明有关财务数据是否经过审计及审计机构名称。

第十三条 申请人应披露下列机构的名称、法定代表人、住所、联系电话、传真，同时应披露有关经办人员的姓名：

（一）主办券商；

（二）律师事务所；

（三）会计师事务所；

（四）资产评估机构；

（五）股票登记机构；

（六）其他与公开转让有关的机构。

第二节 公司业务

第十四条 申请人应披露主要业务、主要产品或服务及其用途。

第十五条 申请人应简要披露其业务模式，说明如何使用产品或服务及关键资源要素获取收入、利润及现金流。

第十六条 申请人应披露其所处行业。申请人能够获取所处行业相关信息的，可以结合自身实际介绍行业的基本情况。

第十七条 申请人应披露与主要业务相关的情况，主要包括：

（一）报告期内各期主要产品或服务的规模、销售收入，报告期内各期向前五名客户的销售额合计占当期销售总额的百分比；

（二）报告期内主要产品或服务的原材料、能源，报告期内各期向前五名供应商的采购额合计占当期采购总额的百分比；

（三）报告期内对持续经营有重大影响的业务合同及履行情况。

第十八条 申请人应遵循重要性原则披露与其业务相关的资源要素，主要包括：

（一）产品或服务所使用的主要技术；

（二）主要生产设备、房屋建筑物的取得和使用情况、成新率或尚可使用年限等；

（三）主要无形资产的取得方式和时间、使用情况、使用期限或保护期、最近1期期末账面价值；

（四）申请人所从事的业务需要取得许可资格或资质的，应当披露当前许可资格或资质的情况；

（五）特许经营权的取得、期限、费用标准；

（六）申请人员工的简要情况，其中核心业务和技术人员应披露姓名、年龄、主要业务经历及职务、现任职务及任期以及持有申请人股份情况；

（七）其他体现所属行业或业态特征的资源要素。

第十九条　申请人可以遵循重要性原则，有针对性和差异化、个性化地披露特殊风险以及生产经营中的不确定因素。

第三节　公司治理

第二十条　申请人应披露最近2年内股东大会、董事会、监事会的建立健全及运行情况，说明上述机构和人员履行职责的情况。

第二十一条　申请人应披露最近2年内是否存在违法违规及受处罚的情况。

第二十二条　申请人应披露是否存在与控股股东、实际控制人及其控制的其他企业从事相同、相似业务的情况。对存在相同、相似业务的，申请人应对是否存在同业竞争作出合理解释。

申请人应披露控股股东、实际控制人为避免同业竞争采取的措施及作出的承诺。

第二十三条　申请人应披露最近2年内是否存在资金被控股股东、实际控制人及其控制的其他企业占用，或者为控股股东、实际控制人及其控制的其他企业提供担保。

申请人应说明为防止发生资金占用行为所采取的措施和相应的制度

安排。

第二十四条 申请人应披露会计核算、财务管理、风险控制、重大事项决策等内部管理制度的建立健全情况。

第二十五条 申请人应披露公司董事、监事及高级管理人员的薪酬和激励政策，包括但不限于基本年薪、绩效奖金、福利待遇、长期激励（包括股权激励）、是否从申请人关联企业领取报酬及其他情况。

申请人董事、监事、高级管理人员存在下列情形的，应披露具体情况：

（一）本人及其近亲属以任何方式直接或间接持有申请人股份的；

（二）相互之间存在亲属关系的；

（三）与申请人签订重要协议或作出重要承诺的；

（四）在其他单位兼职的；

（五）对外投资与申请人存在利益冲突的；

（六）在最近 2 年内发生变动的。

第二十六条 申请人应披露投资者关系管理的相关制度安排，说明公司是否具有完善的投资者信息沟通渠道，及时解决投资者投诉问题，以及为保证公司及其股东、董事、监事、高级管理人员通过仲裁、诉讼等方式解决相互之间的矛盾纠纷所采取的措施。

第二十七条 除上述事项外，申请人可以披露便利股东尤其是中小股东参与公司治理的其他内部制度。

第四节 公司财务

第二十八条 申请人应按照《企业会计准则》的规定编制并披露最近 2 年及 1 期的财务报表。申请人编制合并财务报表的，应同时披露合并财务报表和母公司财务报表。

申请人应披露财务报表的编制基础、合并财务报表范围及变化情况。

财务报表在其最近 1 期截止日后 6 个月内有效。

第二十九条 申请人应披露会计师事务所的审计意见类型。财务报表被出具非标准无保留审计意见的，应全文披露审计报告正文以及董事会、监事会和注册会计师对相关事项的详细说明。

第三十条 申请人应列表披露最近2年及1期的主要财务数据指标，并对其进行逐年比较。主要包括毛利率、净资产收益率、基本每股收益、稀释每股收益、归属于申请人股东的每股净资产、每股经营活动产生的现金流量净额、资产负债率、应收账款周转率和存货周转率。除特别指出外，上述财务指标应以合并财务报表的数据为基础进行计算。相关指标的计算应执行中国证监会的有关规定。

第三十一条 申请人应根据《公司法》和《企业会计准则》的相关规定披露关联方、关联关系、关联交易，并说明相应的决策权限、决策程序、定价机制等。

申请人应根据交易的性质和频率，按照经常性和偶发性分类披露关联交易及关联交易对其财务状况和经营成果的影响。

第三十二条 申请人应简要披露财务报表附注中的资产负债表日后事项、或有事项及其他重要事项。

申请人应简要披露对财务状况、经营成果、声誉、业务活动、未来前景等可能产生较大影响的诉讼或仲裁事项。

申请人存在对外担保的，应披露对外担保的情况；不存在对外担保的，应予说明。

第三十三条 申请人在报告期内进行对财务报表有影响的资产评估的，应扼要披露资产评估的主要情况。

第三十四条 申请人应披露最近2年股利分配政策、实际股利分配情况以及公开转让后的股利分配政策。

第五节 有关声明

第三十五条 申请人全体董事、监事、高级管理人员应在公开转让说明书正文的尾页声明：

“本公司全体董事、监事、高级管理人员承诺本公开转让说明书不存在虚假记载、误导性陈述或重大遗漏，并对其真实性、准确性、完整性承担个别和连带的法律责任。”

声明应由全体董事、监事、高级管理人员签名，并由申请人加盖公章。

第三十六条 主办券商应对公开转让说明书的真实性、准确性、完整性进行核查，并在公开转让说明书正文后声明：

“本公司已对公开转让说明书进行了核查，确认不存在虚假记载、误导性陈述或重大遗漏，并对其真实性、准确性和完整性承担相应的法律责任。”

声明应由主办券商法定代表人、项目负责人签名，并加盖主办券商公章。

第三十七条 为申请人股票公开转让提供服务的证券服务机构应在公开转让说明书正文后声明：

“本机构及经办人员（经办律师、签字注册会计师、签字注册资产评估师）已阅读公开转让说明书，确认公开转让说明书与本机构出具的专业报告（法律意见书、审计报告、资产评估报告）无矛盾之处。本机构及经办人员对申请人在公开转让说明书中引用的专业报告的内容无异议，确认公开转让说明书不致因上述内容而出现虚假记载、误导性陈述或重大遗漏，并对其真实性、准确性和完整性承担相应的法律责任。”

声明应由经办人员及所在机构负责人签名，并加盖机构公章。

第六节 附件

第三十八条 公开转让说明书结尾应列明附件，并在中国证监会指定网站披露。附件应包括下列文件：

（一）主办券商推荐报告；

（二）财务报表及审计报告；

（三）法律意见书；

（四）评估报告；

（五）公司章程；

（六）中国证监会核准公开转让的文件；

（七）其他与公开转让有关的重要文件。

第三章 附 则

第三十九条 本准则自公布之日起施行。

非上市公众公司信息披露内容与格式准则第 2 号——公开转让股票申请文件

第一条　为规范股份有限公司公开转让股票申请文件的内容和格式，根据《证券法》和《非上市公众公司监督管理办法》（证监会令第 85 号）的规定，制定本准则。

第二条　股东人数超过 200 人的股份有限公司（以下简称“申请人”）申请股票在全国中小企业股份转让系统公开转让，应按本准则的要求制作和报送申请文件。

第三条　本准则附录规定的申请文件目录是对公开转让申请文件的最低要求。根据审核需要，中国证券监督管理委员会（以下简称“中国证监会”）可以要求申请人和相关证券服务机构补充文件。如果某些文件对申请人不适用，可不提供，但应向中国证监会作出书面说明。

第四条　申请文件一经受理，未经中国证监会同意，不得增加、撤回或更换。

第五条　申请人报送申请文件，初次报送应提交原件一份、复印件二份。

申请人不能提供有关文件的原件的，应由申请人律师提供鉴证意见，或由出文单位盖章，以保证与原件一致。如原出文单位不再存续，由承继其职权的单位或作出撤销决定的单位出文证明文件的真实性。

第六条　申请文件所有需要签名处，均应由签名人亲笔签名，不得以名章、签名章等代替。

申请文件中需要由申请人律师鉴证的文件，申请人律师应在该文件首页注明“以下第××页至第××页与原件一致”，并签名和签署鉴证日期，律师事务所应在该文件首页加盖公章，并在第××页至第××页侧面以公章加盖骑缝章。

第七条 申请人应根据中国证监会对申请文件的反馈意见提供补充材料。相关证券服务机构应对反馈意见相关问题进行核查或补充出具专业意见。

第八条 申请文件的封面和侧面应标明“××公司公开转让股票申请文件”字样。

第九条 申请文件的扉页应标明申请人信息披露事务负责人和相关证券服务机构项目负责人的姓名、电话、传真及其他方便的联系方式。

第十条 申请文件章与章之间、节与节之间应有明显的分隔标识。

第十一条 申请人在每次报送书面申请文件的同时，应报送一份相应的标准电子文件（标准.doc或.rtf格式文件）。

第十二条 未按本准则的要求制作和报送申请文件的，中国证监会按照有关规定不予受理。

第十三条 本准则自公布之日起施行。

附录：《公开转让股票申请文件目录》

公开转让股票申请文件目录

第一章 公开转让说明书及授权文件

1－1 申请人关于公开转让的申请报告

1－2 公开转让说明书（申报稿）

1－3 申请人董事会有关公开转让的决议

1－4 申请人股东大会有关公开转让的决议

第二章 主办券商推荐文件

2－1 主办券商关于公开转让的推荐报告

第三章　证券服务机构关于公开转让的文件

3－1　财务报表及审计报告(申请人最近两年原始财务报表与申报财务报表存在差异时,需要提供差异比较表及注册会计师对差异情况出具的意见)

3－2　申请人律师关于公开转让的法律意见书

3－3　申请人设立时和最近2年及1期的资产评估报告

第四章 其他文件

4－1　申请人的企业法人营业执照

4－2　申请人公司章程(草案)

4－3　国有资产管理部门出具的国有股权设置批复文件及商务主管部门出具的外资股确认文件

非上市公众公司信息披露内容与格式准则第3号——定向发行说明书和发行情况报告书

第一章　总　则

第一条　为了规范非上市公众公司向特定对象发行股票（以下简称定向发行）的信息披露行为，根据《公司法》《证券法》和《非上市公众公司监督管理办法》（证监会令第85号，以下简称《管理办法》）的规定，制定本准则。

第二条　非上市公众公司进行定向发行导致股东人数累计超过200人以及股东人数超过200人的非上市公众公司（以下简称“申请人”）进行定向发行，应按照本准则编制定向发行说明书，作为向中国证券监督管理委员会（以下简称“中国证监会”）申请定向发行的必备法律文件，并按本准则的规定进行披露。

第三条　申请人定向发行结束后，应按照本准则的要求编制并披露发行情况报告书。

第四条　在不影响信息披露的完整并保证阅读方便的前提下，对于曾在定期报告、临时公告或者其他信息披露文件中披露过的信息，如事实未发生变化，申请人可以采用索引的方法进行披露。

第五条　本准则某些具体要求对本次定向发行确实不适用或者需要豁免适用的，申请人可以根据实际情况调整，但应在提交申请文件时作出专项说明。

第六条　申请人应在中国证监会指定网站（nlpc. csrc. gov. cn）和全国中小企业股份转让系统公司指定的信息披露平台（www. neeq. com. cn 或 www. neeq. cc）披露定向发行说明书及其备查文件、发行情况报告书和中国证监会要求披露的其他文件，供投资者查阅。

第二章　定向发行说明书

第七条　定向发行说明书扉页应载有如下声明：

“本公司及全体董事、监事、高级管理人员承诺定向发行说明书不存在虚假记载、误导性陈述或重大遗漏，并对其真实性、准确性、完整性承担个别和连带的法律责任。

“本公司负责人和主管会计工作的负责人、会计机构负责人保证公开转让说明书中财务会计资料真实、完整。

“中国证监会对本公司股票定向发行所作的任何决定或意见，均不表明其对本公司股票的价值或投资者的收益作出实质性判断或者保证。任何与之相反的声明均属虚假不实陈述。

“根据《证券法》的规定，本公司经营与收益的变化，由本公司自行负责，由此变化引致的投资风险，由投资者自行负责。”

第八条　申请人应披露以下内容：

（一）本次定向发行的目的；

（二）发行对象及公司现有股东优先认购安排。如董事会未确定具体发行对象的，应披露股票发行对象的范围和确定方法；

（三）发行价格和定价原则。如董事会未确定具体发行价格的，应披露价格区间；

（四）股票发行数量或数量上限；

（五）发行对象关于持有本次定向发行股票的限售安排及自愿锁定的承诺。如无限售安排，应说明；

（六）募集资金投向；

（七）本次定向发行涉及的主管部门审批、核准或备案事项情况。

除上述内容外，申请人还应披露本准则第十二条规定的附生效条件的股票认购合同的内容摘要。

第九条　有以资产认购本次定向发行股份的，申请人还应按照本准则第十条、第十一条的规定披露相关内容，同时披露本准则第十二条规定的附生效条件的资产转让合同的内容摘要。

第十条　以资产认购本次定向发行股份、其资产为非股权资产的，申请人应披露相关资产的下列基本情况：

（一）资产名称、类别以及所有者和经营管理者的基本情况；

（二）资产权属是否清晰、是否存在权利受限、权属争议或者妨碍权属转移的其他情况；

（三）资产独立运营和核算的，披露最近1年及1期经具有证券期货相关业务资格会计师事务所审计的财务信息摘要；

（四）资产的交易价格及定价依据。披露相关资产经审计的账面值，交易价格以资产评估结果作为依据的，应披露资产评估方法和资产评估结果。

第十一条 以资产认购本次定向发行股份、其资产为股权的，申请人应披露相关股权的下列基本情况：

（一）股权所投资的公司的名称、企业性质、注册地、主要办公地点、法定代表人、注册资本；股权及控制关系，包括公司的主要股东及其持股比例、最近2年控股股东或实际控制人的变化情况、股东出资协议及公司章程中可能对本次交易产生影响的主要内容、原高管人员的安排；

（二）股权所投资的公司主要资产的权属状况及对外担保和主要负债情况；

（三）股权所投资的公司最近1年及1期的业务发展情况和经具有证券期货相关业务资格会计师事务所审计的财务信息摘要；

（四）股权的资产评估价值（如有）、交易价格及定价依据。

第十二条 附生效条件的股票认购合同的内容摘要应包括：

（一）合同主体、签订时间；

（二）认购方式、支付方式；

（三）合同的生效条件和生效时间；

（四）合同附带的任何保留条款、前置条件；

（五）相关股票限售安排；

（六）违约责任条款。

附生效条件的资产转让合同的内容摘要除前款内容外，至少还应包括：

（一）目标资产及其价格或定价依据；

（二）资产交付或过户时间安排；

（三）资产自评估截止日至资产交付日所产生收益的归属；

（四）与资产相关的人员安排。

第十三条 本次定向发行对申请人的影响。申请人应披露以下内容：

（一）本次定向发行对申请人经营管理的影响；

（二）本次定向发行后申请人财务状况、盈利能力及现金流量的变动情况；

（三）申请人与控股股东及其关联人之间的业务关系、管理关系、关联交易及同业竞争等变化情况；

（四）申请人以资产认购股票的行为是否导致增加本公司的债务或者或有负债；

（五）本次定向发行对其他股东的权益的影响；

（六）本次定向发行相关特有风险的说明。申请人应有针对性、差异化的披露属于本公司或者本行业的特有风险以及经营过程中的不确定性因素。

第十四条 申请人应披露下列机构的名称、法定代表人、住所、联系电话、传真，同时应披露有关经办人员的姓名：

（一）主办券商；

（二）律师事务所；

（三）会计师事务所；

（四）资产评估机构（如有）；

（五）股票登记机构；

（六）其他与定向发行有关的机构。

第十五条 申请人全体董事、监事、高级管理人员应在定向发行说明书正文的尾页声明：

“本公司全体董事、监事、高级管理人员承诺本定向发行说明书不存在虚假记载、误导性陈述或重大遗漏，并对其真实性、准确性、完整性承担个别和连带的法律责任。”

声明应由全体董事、监事、高级管理人员签名，并由申请人加盖公章。

第十六条 主办券商应对申请人定向发行说明书的真实性、准确性、完整性进行核查，并在定向发行说明书正文后声明：

“本公司已对定向发行说明书进行了核查，确认不存在虚假记载、误导性陈述或重大遗漏，并对其真实性、准确性和完整性承担相应的法律责任。”

声明应由法定代表人、项目负责人签名，并由主办券商加盖公章。

第十七条 为申请人定向发行提供服务的证券服务机构应在定向发行说明书正文后声明：

“本机构及经办人员（经办律师、签字注册会计师、签字注册资产评估师）已阅读定向发行说明书，确认定向发行说明书与本机构出具的专业报告（法律意见书、审计报告、资产评估报告等）无矛盾之处。本机构及经办人员对申请人在定向发行说明书中引用的专业报告的内容无异议，确认定向发行说明书不致因上述内容而出现虚假记载、误导性陈述或重大遗漏，并对其真实性、准确性和完整性承担相应的法律责任。”

声明应由经办人员及所在机构负责人签名，并由机构加盖公章。

第十八条 定向发行说明书结尾应列明备查文件，备查文件应包括：

（一）定向发行推荐工作报告；

（一）法律意见书；

（二）中国证监会核准本次定向发行的文件（核准后提供）；

（三）其他与本次定向发行有关的重要文件。

如有下列文件，也应作为备查文件披露：

（一）资信评级报告；

（二）担保合同和担保函；

（三）申请人董事会关于非标准无保留意见审计报告涉及事项处理情况的说明；

（四）会计师事务所及注册会计师关于非标准无保留意见审计报告的补充意见；

（五）通过本次定向发行拟进入资产的资产评估报告及有关审核文件。

第三章 发行情况报告书

第十九条 申请人应在发行情况报告书中披露本次定向发行股票的数量、发行价格、认购人、认购股票数量及相关股票限售安排。

第二十条 本次定向发行前后相关情况对比。申请人应披露以下内容：

（一）本次定向发行前后前十名股东持股数量、持股比例及股票限售等比较情况；

（二）本次定向发行前后股本结构、股东人数、资产结构、业务结构、公司控制权、董事、监事和高级管理人员持股的变动情况。

第二十一条 申请人应在发行情况报告书中披露主办券商关于本次定向发行过程、结果和发行对象合规性的结论意见。内容至少包括：

（一）关于本次定向发行过程、定价方法及结果的合法、合规性的说明；

（二）关于本次发行对象是否符合《管理办法》的规定，是否符合公司及其全体股东的利益的说明；

（三）主办券商认为需要说明的其他事项。

第二十二条 申请人应在发行情况报告书中披露律师关于本次定向发行过程、结果和发行对象合规性的结论意见。内容至少包括：

（一）关于发行对象资格的合规性的说明；

（二）关于本次定向发行过程及结果合法、合规性的说明；

（三）关于本次定向发行相关合同等法律文件的合规性的说明；

（四）本次定向发行涉及资产转让或者其他后续事项的，应陈述办理资产过户或者其他后续事项的程序、期限，并进行因资产瑕疵导致不能过户的法律风险评估；

（五）律师认为需要说明的其他事项。

第二十三条 由于情况发生变化，导致董事会决议中关于本次定向发行的有关事项需要修正或者补充说明的，申请人应在发行情况报告书中作出专门说明。

第二十四条 申请人全体董事、监事、高级管理人员应在发行情况报告书的首页声明：

“公司全体董事、监事、高级管理人员承诺本发行情况报告书不存在虚假记载、误导性陈述或重大遗漏，并对其真实性、准确性、完整性承担个别和连带的法律责任。”

声明应由全体董事、监事、高级管理人员签名，并由申请人加盖公章。

第四章 附 则

第二十五条 本准则由中国证监会负责解释。

第二十六条 本准则自公布之日起施行。

非上市公众公司信息披露内容与格式准则第 4 号——定向发行申请文件

第一条 为了规范非上市公众公司向特定对象发行股票（以下简称“定向发行”）申请文件的内容和格式，根据《证券法》和《非上市公众公司监督管理办法》（证监会令第 85 号）的规定，制定本准则。

第二条 非上市公众公司进行定向发行导致股东人数累计超过 200 人以及股东人数超过 200 人的非上市公众公司（以下简称“申请人”）进行定向发行，应按本准则要求制作和报送申请文件。

第三条 本准则规定的申请文件目录（见附件）是定向发行申请文件的最低要求。根据审核需要，中国证券监督管理委员会（以下简称“中国证监会”）可以要求申请人和相关证券服务机构补充文件。如果某些文件对申请人不适用，可不提供，但应向中国证监会作出书面说明。

第四条 申请文件一经受理，未经中国证监会同意，不得增加、撤回或者更换。

第五条 申请人报送申请文件，初次报送应提交原件一份，复印件二份。

申请人不能提供有关文件原件的，应由申请人律师提供鉴证意见，或由出文单位盖章，以保证与原件一致。如原出文单位不再存续，由承继其职权的单位或作出撤销决定的单位出文证明文件的真实性。

第六条 申请文件所有需要签名处，均应为签名人亲笔签名，不得以名章、签名章等代替。

申请文件中需要由申请人律师鉴证的文件，申请人律师应在该文件首页注明“以下第 × ×页至第 × ×页与原件一致”，并签名和签署鉴证日期，律师事务所应在该文件首页加盖公章，并在第 × ×页至第 × ×页侧面以公章加盖骑缝章。

第七条 申请人应根据中国证监会对申请文件的反馈意见提供补充材料。相关证券服务机构应对反馈意见相关问题进行核查或补充出具专业意见。

第八条 申请文件的封面和侧面应标明“××公司向特定对象发行股票申请文件”字样。

第九条 申请文件的扉页应标明申请人信息披露事务负责人及相关证券服务机构项目负责人的姓名、电话、传真及其他方便的联系方式。

第十条 申请文件的各章、各节之间应有明显的分隔标识。

第十一条 申请人在报送书面申请文件、材料的同时，应报送一份相应的电子文件（doc 或 rtf 格式文件）。

第十二条 未按本准则的要求制作和报送申请文件的，中国证监会按照有关规定不予受理。

第十三条 本准则自公布之日起施行。

附件：非上市公众公司定向发行申请文件目录

非上市公众公司定向发行申请文件目录

第一章 定向发行说明书及授权文件

1－1 申请人关于定向发行的申请报告

1－2 定向发行说明书

1－3 申请人关于定向发行的董事会决议

1－4 申请人关于定向发行的股东大会决议

第二章 定向发行推荐文件

2－1 主办券商定向发行推荐工作报告

第三章 证券服务机构关于定向发行的文件

3－1 申请人最近 2 年及 1 期的财务报告及其审计报告

3－2 法律意见书

3－3 本次定向发行收购资产相关的最近1年及1期的财务报告及其审计报告、资产评估报告（如有）

后　记

本书第1版于2013年10月出版后，非常荣幸得到了许多读者朋友的关注。部分读者朋友也电话联系出版社询问是否有最新的数据和法规解读。于是，新三板正式扩容到全国后，在中国经济出版社大力支持下，根据最新的政策法规和市场情况，笔者对全书进行了修订。

修订的主要内容包括：根据最新的新三板交易规则重写了第五章；增加了第三章第三节关于定向发行的程序和注意事项等内容；全面更新了第一章第四节和第三章第二节的数据；对附件中的法规进行了更新和替换。

囿于时间问题，本书在多个方面未能进一步深挖，成稿之时，想来总觉得有些遗憾。又由于经验、学识有限，书中难免存在不完善甚至是不正确的地方，尤其是庞杂的数据统计，不可避免地存在疏漏，还请各位领导、前辈、同人多多指正，笔者必将虚心学习，及时改正。

本书的成稿必须感谢很多人。

首先必须感谢红塔证券副总裁舒兆云先生，是他把我招入红塔证券并悉心教导点拨，我才有幸能接触到资本市场这样一个色彩斑斓的小世界；亦是他牵头和其他领导同事一起申请下红塔证券新三板业务资质，随后又把我调任在新三板业务部门，才让我有机会学习和摸索新三板业务，才会有此书的成稿;在本书成稿之后,舒兆云先生又欣然答应为本书作序,感激之情无以言表。

十分感谢中科招商集团创始人、董事长兼总裁单祥双先生,鼎晖创投高级合伙人晏小平先生,中央财经大学中国银行业研究中心主任、教授、博士生导师郭田勇先生,财新传媒编委、《新世纪》周刊社论主编、《中国改革》副总编辑杨哲宇先生,爱护学生,为本书推荐。还要特别感谢汪朗先生和胡舒立女士的指导。

感谢红塔证券场外市场部和投资银行事业总部的所有领导和同事,本书中的每一个想法、数据和案例都与他们的智慧和辛苦分不开。尤其要感谢红塔证券投资银行事业总部质量控制部总经理欧阳凯先生,对本书的几个重要章节进行了校审,并提出了很多的宝贵意见;感谢赵学颖对本书第一章第四节和第三章二、三节做了大量的数据整理分析工作;感谢英国牛津大学硕士研究生潘小钰,她对本书第四章第三节的主要内容进行了翻译和信息整理;感谢张爽对全书进行了校编。

在本书的修订过程中,请红塔证券场外市场事业部赵学颖、熊兆实、张晓莎、胡梦杰等同事协助做了大量的数据整理分析工作,十分感谢!

感谢红塔证券所有的领导和同事!

感谢全国股转系统的领导和老师们的关爱和指导!

感谢所有给过我帮助的师长和朋友!感谢我的父母!

愿有生花妙笔,能尽其万一。

卢文浩

2014 年 2 月 24 日